AF415500

Je ne suis pas tout seul

Roman

Brigitte LAVAU

Dépôt légal Juin 2025
ISBN 979-10-977265-0-8

1.

Juillet 2019

Il occupe la chambre 311, au dernier étage de l'hôtel. A côté des douches et de la porte des filles. Il attend que le veilleur de nuit soit passé.

- Toc, toc ! tout va bien Malik ?

- Oui, je vais me coucher.

- D'accord, à demain.

Les bruits de pas s'éloignent, il ne sera plus dérangé. Hébergé ici depuis trois semaines avec d'autres mineurs, il ne parle à personne. Il se dirige vers la fenêtre et jette un coup d'œil en bas dans la cour de l'immeuble, le vélo du veilleur de nuit est bien rangé à sa place contre le mur. Tout est en ordre, je peux me coucher. Il baisse les stores et s'allonge sur son lit. Il croise les bras sur sa poitrine et cherche à ralentir sa respiration. Tout est calme, plus de raison de s'inquiéter. Seule la télévision de la chambre du dessous laisse monter des sons entrecoupés. Je reconnais ce bruit quand on joue avec la télécommande, moi aussi je faisais ça avant. Ce souvenir lui serre la gorge, il voudrait ne plus rien entendre. Il se contorsionne, essayant de se boucher les oreilles tout en gardant les bras serrés autour de lui. Ah laisse tomber il me faudrait quatre mains mais JE SAIS que ça n'existe pas. Une idée lui vient, mettre le coussin sur ses oreilles pour libérer ses bras. Il essaye mais cela ne fonctionne pas. Il me faut quelque chose de lourd pour tenir le coussin. Ses yeux font le tour de la pièce et s'arrêtent sur le petit tas de linge posé sur l'étagère. Il se lève et rassemble dans un sac en plastique les vêtements achetés pour lui par la dame de l'association. Il se rallonge, se colle contre le mur et place le linge de manière à retenir le coussin courbé sur son oreille. Puis il croise les bras bien fort autour de sa poitrine et ne bouge plus. Ah voilà j'ai réussi. Il sourit et s'endort enfin.

Le lendemain matin, il est réveillé par des voix dans la cour. Il est six heures, c'est le gardien de jour qui vient prendre la relève. Reste chez toi, il fait encore nuit. Je n'ai pas besoin de toi. Un jour, tout le monde dira ah oui c'est lui le petit qu'on a connu, mais vous ne me connaissez pas, personne ne me connaît, c'est la loi de la vie. Vous ne pouvez pas changer ça. Il entend du bruit sur le palier, une des filles de la chambre voisine sort de la douche. C'est sûrement la grande, elle part toujours tôt le matin. Quand elle sera sortie, la petite ira se laver à son tour, puis l'étage retrouvera son calme jusqu'au soir. C'est mon couloir, mon hôtel, je dois faire régner l'ordre.

Il retourne s'allonger sur son lit, ses yeux cherchent un support où se poser. Il observe sa télévision accrochée au mur. Elle ne fonctionne pas et Malik ne veut pas demander, il préfère encore regarder l'écran noir. Je ne vais pas rester ici longtemps de toute façon.

Comme chaque soir, il laisse son esprit faire apparaître des images sur l'écran. Une affiche qu'il a vue hier dans la rue arrive la première. C'est la photo d'une grande ville, un peu comme celle qu'il avait imaginée quand on lui avait parlé de Paris la première fois. Ne pense plus à ça, garde les yeux ouverts jusqu'à ce que ça te pique, une autre image va venir… Oui, je me vois, je suis bien habillé, il y a beaucoup de monde autour de moi. Je suis connu dans le monde entier. Les gens me regardent comme s'ils attendaient quelque chose. Ils comptent sur moi pour le trouver, c'est ma mission sur Terre. Je suis invité à la télévision car j'ai trouvé ce que tout le monde cherche. Voici monsieur Malik qui a accompli tant de choses dans sa vie. Les gens m'applaudissent sur l'affiche. C'est là-bas que tout le monde m'attend et je suis bloqué ici. Alors Prince Malik, on dit que vous avez grandi loin de votre famille ? Oui mais je suis là aujourd'hui. Cher bienfaiteur, nous avons une surprise pour vous, nous avons retrouvé vos parents, voulez-vous leur dire quelques mots ? Malik sursaute. Non, pas ça ! Il bondit hors de son lit et jette un œil furieux vers l'écran. Tais-toi, je ne veux pas voir ça ! D'accord, viens te coucher. Alors montre-moi de bonnes images ! Viens te coucher et regarde. Oui, je suis là assis dans le restaurant du grand hôtel de Dubaï, un serveur s'approche de moi avec un gros gâteau et une bouteille de champagne. Tous les clients me regardent en souriant. Ils me font des petits gestes de loin pour ne pas me déranger. Je lève ma coupe très haut en souriant. Surtout ne pas cligner des yeux sinon l'image va partir. Ne t'inquiète pas, j'ai beaucoup d'autres images pour toi si tu veux. Malik n'a pas le temps de répondre car un bruit dans l'escalier attire son attention. C'est le gardien de jour qui monte faire le tour des chambres. Je ne veux pas le voir, je vais sortir avant qu'il arrive. Il écoute à travers la porte et ne perçoit aucun bruit sur le palier. Il se décide à prendre la direction de la douche. Il passe de l'eau sur son visage, s'habille rapidement et descend l'escalier. Il a préparé une phrase au cas où on lui poserait une question, mais il ne croise personne.

Il se dirige machinalement vers l'épicerie du Boulevard et achète du lait, puis s'assoit sur un banc et commence à boire. Il se demande quoi faire, il lui reste sept euros en poche. Est-ce suffisant pour retourner à l'aéroport ? Il observe les passants mais personne ne fait attention à lui. Je suis votre sauveur. Je fais semblant de ne pas savoir où aller mais c'est une ruse pour connaître votre cœur. En fait, je vous contrôle carrément. Montrez-moi vos passeports et je vous dirai, toi c'est bon, toi c'est pas bon.

La fatigue l'écrase sur son banc, il voudrait se lever mais un poids lourd appuie sur ses épaules. Il essaye encore mais n'y parvient pas, le poids le retient toujours. Malik se laisse glisser à terre, passe sous le banc à plat ventre et s'échappe de l'autre côté. Ouf, j'ai réussi ! Ragaillardi, il reprend sa marche en jetant un coup d'œil en arrière pour s'assurer que le banc est bien resté à sa place.

Il tourne à droite par son chemin habituel pour ne pas se perdre puis s'assoit sur un plot de chantier en plastique rouge et blanc pour finir tranquillement le reste de sa bouteille de lait. La rue est déserte, Malik profite de ce calme pour imaginer sa fuite prochaine. Je dois retourner à l'aéroport. Je dois retrouver Sandro. Le bruit d'une sirène dans la rue fait disparaître l'image du plan qu'il vient d'échafauder. Il ouvre les yeux et se redresse. Est-ce que je dormais ? Il regarde autour de lui, personne. Son regard se porte sur la vitrine du magasin face à lui. Il aperçoit son reflet et imprime un mouvement de recul. Il met sa main devant ses yeux. Personne ne doit me voir.

Malik retourne à l'épicerie, il achète un autre litre de lait puis se décide à reprendre le chemin de l'hôtel. Du bout de la rue, il aperçoit le veilleur de nuit à l'entrée du bâtiment, entouré d'un groupe de jeunes. Oh non, il est déjà là lui ! Trop tard, il ne peut plus reculer, tout le monde regarde dans sa direction. Malik s'avance, serrant sa bouteille dans sa main. Il prend un air fermé, espérant que personne ne lui parle.

- Hey, toi, comment ça va ? lui demande le veilleur.

- Ça va, répond-il sans s'arrêter.

- Tu as mangé ?

Malik lui montre sa bouteille de lait sans répondre.

- Ce n'est pas manger, ça !

Les jeunes autour se mettent à rire.

- Pourquoi vous rigolez, vous ? rétorque le veilleur.

Malik n'écoute plus. Il monte les escaliers le plus vite possible et s'enferme dans sa chambre. Il tente de contrôler sa respiration en serrant ses bras très fort autour de lui. Il comprime sa cage thoracique et lutte contre les battements de son cœur pendant plusieurs minutes.

- Toc, toc ! Malik, tu es là ?

C'est la voix du veilleur. Malik se fige, en position de fuite.

- C'est moi, Toumany, ouvre-moi s'il te plaît, j'ai un courrier pour toi.

Malik ouvre tout doucement la porte. Dans la pénombre se détache la longue silhouette du veilleur.

- Tiens, on m'a demandé de te donner cette lettre.

Malik prend l'enveloppe et la pose lentement sur la petite table. Il regarde le veilleur sans savoir quoi dire.

- Je te laisse tranquille, à plus tard, et ne bois pas que du lait, mange quelque chose.

Malik le salue de la tête et va s'allonger sur son lit, bras croisés. Il évite de regarder en direction de l'enveloppe, ses yeux cherchent son écran noir.

Monsieur Malik, vous recevez beaucoup de lettres de vos admirateurs à travers le monde, les gens se demandent comment vous avez obtenu tant de réussite, vous êtes notre héros. Merci, merci. Tu devrais ouvrir l'enveloppe. Laisse-moi, je ne suis pas avec toi, je parle à mes admirateurs. Ouvre cette lettre. Je n'ai pas besoin de l'ouvrir, je sais déjà ce qu'il y a dedans, la juge me l'avait dit la dernière fois : tu vas recevoir une lettre avec un rendez-vous. Elle avait dit un autre mot mais je n'ai pas compris alors elle a expliqué que c'était un rendez-vous habituel pour voir comment je vais dans un mois. Et après je pourrai partir ? Elle a dit on verra ça et moi aussi j'ai pensé on verra ça. Malik fixe l'écran jusqu'à ce que ses yeux le piquent et s'endort tout habillé.

Il se réveille en pleine nuit et ne sait plus où il se trouve. Où suis-je ? Pourquoi Sandro n'est pas à côté de moi dans le lit ? Il reconnaît peu à peu sa chambre d'hôtel dans la pénombre, sa porte et ses stores fermés. Ah oui, c'est vrai, je suis à Paris, tout seul. Il éprouve une sensation vertigineuse. Comment suis-je arrivé jusqu'ici ? Moi le petit démon. Sandro m'avait dit de ne pas croire à ça, que les démons n'existent pas. Il m'a appris beaucoup de choses, comme parler français, cuisiner et tout faire fonctionner dans la maison. Il a toujours été gentil avec moi. C'est moi qui lui fais des problèmes. Est-ce qu'il me cherche encore à l'aéroport ? Non, il t'a oublié. C'est pas vrai, tu dis n'importe quoi !

Malik bondit hors de son lit pour mettre un terme à la conversation. Il cherche quelque chose à regarder par la fenêtre. La cour en bas est silencieuse, il voudrait entendre le veilleur discuter avec le gardien de jour, mais il est trop tôt. Il ouvre son frigidaire et prend sa bouteille de lait. Il boit jusqu'à la dernière goutte. Reviens te coucher maintenant. Malik soupire et obéit à l'injonction.

Le lendemain matin, un bruit montant de la cour lui fait soudainement ouvrir les yeux. Il s'approche prudemment de la fenêtre. C'est le veilleur de nuit qui détache son vieux vélo. Il est déjà six heures. Il le voit échanger quelques mots avec le gardien de jour. Ils parlent de moi, j'en suis sûr. Ils disent ah le pauvre petit, il croit encore que quelqu'un va venir le chercher. Malik retourne s'allonger, bras croisés, sourcils froncés. Ses yeux font le tour de la chambre. La lettre est toujours là. Il se lève, la saisit du bout des doigts et la pose sur le frigidaire. Attends, je vais te donner un rendez-vous plus tard. Malik ramasse les vêtements laissés sur le lit et les range bien pliés dans son étagère. Il faut que tout soit aligné, comme le lui a appris Sandro. Il passe le reste de la matinée à nettoyer sa chambre avec une éponge.

A midi, c'est la distribution de l'argent de la semaine, comme chaque mercredi. La dame qui vient donner l'enveloppe vérifie aussi si le ménage est bien fait. Il l'entend monter l'escalier qui mène à son dernier étage. Elle frappe à la porte des filles en premier. C'est la petite qui ouvre. Malik écoute à travers la porte. Elle dit « bonjour Lisette, comment ça va ? Bintou est là ? non, elle est sortie ? » Il n'entend pas les réponses de Lisette. Il sait que ça va être son tour. Il ne veut pas la voir, il voudrait disparaître, ne plus respirer. Il n'entend plus que son cœur dans ses tempes.

- Toc, toc ! … Malik, tu es là ? … Malik ?

Il ouvre la porte, ruisselant de sueur.

- Alors, tu ne m'entendais pas ? comment ça va ? tu as chaud, tu faisais du sport ?

- Oui.

- C'est bien ça, et ta chambre est toujours impeccable, rien à dire.

- Oui.

L'éducatrice le regarde sans un mot et Malik trouve que c'est trop long. Quand on le regarde de cette façon, il se sent comme séparé en plusieurs personnes, celui que la personne regarde, celui qui regarde la personne, et un autre qui regarde toute la scène.

- Toumany t'a bien remis la convocation de la juge ? c'est lundi, tu as vu ? je viendrai avec toi, j'ai rajouté des tickets de métro dans l'enveloppe, tu sauras y aller tout seul ? sinon, tu passes à l'association et on ira ensemble, mais tu me préviens avant, d'accord ?

- D'accord.

Malik l'entend redescendre l'escalier et chaque pas desserre un peu sa gorge. Il regarde l'enveloppe et va la placer à côté de l'autre sur le frigidaire, puis termine son ménage avec application. En fin de journée, il profite du silence qui règne dans l'hôtel pour sortir sans être vu. Il se dirige vers l'épicerie, achète du lait et une banane. Il erre dans la rue à la recherche d'un endroit où s'asseoir mais en ce mois de juillet, il y a trop de monde partout.

D'habitude le soir, Sandro rentre à la maison et on reste tous les deux, on dîne et on regarde un film. Je ne sors jamais tout seul parce que les gens ne doivent pas me voir, sinon ils vont poser des questions et on va nous séparer. Sandro avait raison, aujourd'hui je suis tout seul. Malik retourne vers l'hôtel en rasant les murs.

Assis derrière le bureau de l'accueil, le veilleur de nuit est déjà à son poste. Il est en train de manger et lui fait signe de venir s'asseoir. Malik hésite un instant puis décline de la main et se dirige vers l'escalier. En montant les marches, il se sent épuisé, comme écrasé, il est obligé de s'arrêter. Il aurait voulu dire oui et rester à côté du veilleur, sans parler, sans être regardé, comme s'il n'était pas vraiment là. Mais tout le monde pose trop de questions, il a bien fait de refuser. Il a failli se faire avoir. Il ferme la porte de sa chambre à clé, bien décidé à ne plus l'ouvrir avant longtemps. Tu sais bien qu'il va monter faire sa ronde. Je n'ouvrirai pas, je dirai que je dors. Dans la pénombre, Malik guette les pas du veilleur. Pendant de longues minutes, il n'ose pas bouger. Surtout ne pas faire de bruit. Il ne pourra pas me voir.

- Toc, toc ! Malik ? je t'ai apporté une assiette, tu en veux ?

Malik ne répond pas.

- C'est ma femme qui l'a préparée, il faut goûter, ça te changera du lait.

- J'ai déjà mangé.

- Ah bon, je vais lui dire que tu ne n'aimes pas son plat alors, elle ne va pas être contente.

Malik sourit malgré lui et ouvre finalement la porte. Le veilleur lui tend l'assiette.

- Tu me la rapporteras quand tu auras fini. …

- Je vais dormir après.

- Ok demain matin alors.

Quand les pas du veilleur s'éloignent pour de bon, Malik reprend possession des lieux. Il referme mentalement l'espace autour de lui, d'un simple regard. J'ai tout pouvoir sur vous. Apaisé, il regarde l'assiette encore fumante et les deux enveloppes à son nom sur le frigidaire. Des cadeaux de mes admirateurs. Il commence son repas en coupant soigneusement sa banane en deux. Ce morceau pour aujourd'hui, l'autre pour demain. Il termine son repas avec un verre de lait. L'assiette trône toujours fièrement sur la table. Toi aussi tu vas attendre ton rendez-vous.

Le lendemain matin, l'assiette est toujours là. Malik hésite. Tu devrais manger, c'est sa femme qui a cuisiné. Mais je ne sais pas ce qu'elle a mis dedans et c'est froid maintenant. Tu as peur de manger son plat ? Non, je n'ai pas faim c'est tout. Il jette les aliments à la poubelle, referme le sac plastique avec un double nœud et va le poser près de la porte. Je ne lui ai rien demandé à sa femme. Tu dois rendre l'assiette. Oui mais j'ai le temps. Malik passe la journée à dormir. Quand il se réveille, il fait déjà nuit. Tu dois rendre l'assiette. Je sais, ça va. Alors vas-y maintenant. Non, attends. Malik coupe sa moitié de banane en deux, mange lentement et lave le couteau. Il cherche du regard ce qui reste à nettoyer. Ce n'est pas comme dans les maisons de Sandro ici, c'est trop petit, il n'y a presque rien à faire. Chaque fois qu'on changeait de maison, la première chose que je regardais c'était le nombre de pièces et je calculais le temps que ça allait me prendre pour le ménage. Il faut que ça dure toute la journée sinon je dors trop. Je peux regarder des DVD mais je préfère attendre qu'il soit là et qu'on les regarde ensemble. Il n'y a rien à faire ici. Alors va rendre l'assiette. Non, pas tout de suite. Tu préfères qu'il monte la chercher ? Non, c'est bon, j'y vais !

Le veilleur est assis derrière le comptoir de l'accueil et regarde son téléphone portable.

- C'est … c'est pour l'assiette.

- C'était bon, n'est-ce pas ? dit le veilleur, en levant la tête.

- Oui, très.

Sans cesser de le regarder, Malik s'éloigne lentement, en marchant à reculons jusqu'à l'escalier.

- Ne va pas tomber, souffle le veilleur, en baissant les yeux vers son téléphone.

Il me faut un téléphone, pense Malik. Il tourne en rond dans sa chambre. Il me faut vraiment un téléphone. Qui vas-tu appeler ? Je ne sais pas mais quand tu parles au téléphone les gens pensent que tu es occupé, ils ne te dérangent pas. Malik s'allonge sur son lit. Allô oui c'est moi mais je ne suis pas disponible, appelez ma secrétaire. Sandro ne t'a même pas donné son numéro. Et pourquoi j'aurais eu besoin de son numéro ? Il était toujours avec moi ! Malik croise les bras et fixe l'écran, attendant une réponse. Alors, tu n'ouvres plus ta grande bouche ? L'objet reste inanimé et Malik s'endort.

En ouvrant les yeux le lendemain, la même question revient : où trouver un téléphone et combien cela peut-il coûter ? Tu pourrais demander au veilleur. Non, il n'a qu'à rester avec sa grosse femme. Malik passe la journée au lit, à tourner le problème dans sa tête. Quand il se décide à se lever, l'après- midi est déjà bien avancé. Va demander au veilleur. Il n'est pas encore là, je verrai ça ce soir. Malik mange son dernier quart de banane, tout en se disant que c'est gâté et que Sandro n'aimerait pas ça. Il attend patiemment l'heure du veilleur en répétant à haute voix sa demande. « Bonjour est-ce que vous savez où je peux trouver un téléphone ? » Allez, vas le voir, tu as peur ou quoi ? Non j'ai pas peur ! Malik avance d'un pas décidé vers la porte, puis hésite et revient sur ses pas. Il va me prendre pour un con, non, il est gentil quand même. Malik descend lentement l'escalier, son cœur bat de plus en plus fort. Arrivé devant le bureau de l'accueil, il libère enfin la phrase qu'il se répète en boucle :

- Bonjour, vous savez si je peux trouver un…

Il s'arrête net. Ce n'est pas le veilleur. C'est l'autre, celui du week-end.

- Quoi ? demande le veilleur du week-end.

- Rien, je me suis trompé.

Il remonte dans sa chambre comme un automate. La colère l'envahit. Il est parti ! Il m'a laissé tomber ! Il m'a complètement laissé tomber même ! J'en étais sûr ! Je ne veux plus jamais le voir ! Malik s'écroule sur son lit, le visage dans les mains. Il s'enroule dans la couverture, la tête sous l'oreiller et sanglote en silence.

Il reste couché jusqu'au lendemain soir et se lève seulement pour boire du lait. Je vais boire du lait et que du lait. Tu sais bien qu'il va revenir lundi. Je n'ai pas besoin de lui, je vais me débrouiller tout seul ! La nuit suivante, Malik se réveille en sueur.

Il essaye de se lever mais, trop faible, il plonge de nouveau dans le sommeil. Il est tiré des limbes quand quelqu'un tambourine à sa porte.

- Malik ? … Malik, tu es là ? … Malik, ouvre !

- Oui.

Il s'habille à la hâte et ouvre la porte. C'est la dame du mercredi.

- Mais qu'est-ce que tu fais ? on a rendez-vous chez la juge ! tu as oublié ? dit l'éducatrice.

- Non, je…

- Tu devais venir à l'association ! allez, dépêche-toi, il faut y aller, tu es prêt ?

- Oui.

Malik la suit sans rien dire dans la rue, jusqu'à une voiture.

- C'est celle du service, tu as de la chance qu'elle soit libre sinon on aurait dû prendre les transports en commun et on aurait sûrement été en retard ! et autant te dire que ce n'est pas le genre de rendez-vous où il faut être en retard !

- Oui.

- Mais tu dormais quand je suis arrivée ou tu regardais la télé ?

- Non, je … j'étais au téléphone.

- Ah, tu as un téléphone ? il faut que tu me donnes ton numéro, ça sera plus pratique pour te joindre.

- Oui justement, je cherche un téléphone.

- Mais tu as un téléphone ou pas ?

- Je … vous savez où je peux trouver un téléphone ?

L'éducatrice le regarde en silence comme il déteste. Ils sont arrivés en bas de l'immeuble.

Dans l'ascenseur, Malik sent son cœur battre de plus en plus fort, il croise les bras pour essayer de calmer sa respiration. Ils entrent dans un bureau où les attendent trois personnes. La juge est au milieu. Ils s'assoient et Malik a l'impression qu'un rideau noir tombe devant ses yeux.

Il se retrouve dans l'ascenseur. A côté de lui l'éducatrice jette des petits coups d'œil discrets dans sa direction. Quand ils sortent de l'immeuble, elle fouille dans son sac et sort son téléphone. Allô, c'est moi, oui c'est fait, la juge a signé, oui ça s'est bien passé, enfin, je te raconterai plus tard. Elle raccroche et reste silencieuse jusqu'à l'arrivé devant l'hôtel. Malik se dirige vers l'escalier.

- Hé, Malik, au revoir quand même ! lui lance-t-elle.

- Au revoir.

- Et n'oublie pas de me donner ton numéro la prochaine fois !

Malik monte s'enfermer dans sa chambre. Il se dirige vers la fenêtre pour la regarder partir. Elle s'arrête dans la cour et prend son téléphone. Il ouvre un peu sa fenêtre pour entendre.

- Oui, c'est encore moi, je ne pouvais pas te raconter tout à l'heure, il était à côté … oui, c'était dur pour lui … parce qu'il a dit à la juge qu'il devait retrouver le fameux Sandro, tu sais son ami adulte qui l'accompagnait, oui soit disant, enfin bref la juge a répondu qu'elle avait vérifié la liste des passagers et qu'il n'y avait pas de Sandro dans l'avion… bien sûr que c'était un faux nom mais il ne le savait pas visiblement ! si tu avais vu sa tête, il ne comprenait plus rien, j'étais mal pour lui.

Malik colle ses mains sur ses oreilles. Taisez-vous tous ! Vous ne comprenez rien ! Sandro est plus intelligent que vous, il a trouvé un moyen de se cacher à l'aéroport pour venir me chercher plus tard. Sandro était dans l'avion, c'est vous qui ne l'avez pas vu.

Il m'a toujours dit de faire attention, et j'ai toujours fait attention. Quand on est parti en taxi, il m'a donné la pochette avec mon passeport et mon billet, et il a ajouté vingt euros. Ensuite, on a fait comme d'habitude quand on voyage, on est entré séparément dans l'aéroport et j'ai pris un sandwich de mon côté dans la salle d'attente. J'ai passé les contrôles et j'ai rejoint ma place dans l'avion, puis j'ai dormi presque tout le vol. On devait se retrouver aux bagages à l'arrivée à Paris. J'ai fait la queue pour la douane et quand c'était mon tour j'ai montré mes documents de voyage, mais le monsieur m'a fait signe de me mettre sur le côté.

Deux policiers sont venus, ils ont pris mon passeport et ils m'ont regardé un peu longtemps. Ils ont demandé mon nom et j'ai répondu Malik. Pour le nom de famille j'ai fait comme m'avait dit Sandro, j'ai répondu « Taylor » comme sur le passeport, mais ils ont continué à me regarder. Ils ont dit « T'as quel âge, t'es tout seul ? ». J'ai répondu que j'avais quinze ans et que je voyageais avec un ami. Ils ont dit quel ami et j'ai répondu Sandro. Qu'est-ce que je pouvais faire d'autre ? Ils voulaient savoir où il était mais j'ai pas répondu. Ils ont téléphoné et deux autres policiers sont arrivés, ils m'ont pris par le bras devant tout le monde et j'ai pleuré alors ils ont arrêté. J'ai expliqué que je devais partir maintenant mais ils m'ont dit d'attendre. Puis une dame est venue, elle m'a demandé de la suivre dans un bureau. Elle m'a donné un sandwich et de l'eau et m'a dit de dormir. Le lendemain on m'a conduit en voiture de police chez une dame juge. Elle a dit que puisque j'étais mineur elle allait me mettre quelque part car je ne pouvais pas rester tout seul en France. Mais je ne suis pas tout seul, mon ami Sandro va venir me chercher. Elle a répondu que je ne devais pas m'inquiéter, que personne ne me cherchait et que j'étais en sécurité maintenant, cet ami ne pourrait plus me faire de mal.

Mais vous ne comprenez pas que ma vie a commencé le jour où Sandro m'a trouvé ? Ce jour-là, j'étais sur la corniche et je l'ai vu sur la plage. Il avait l'air calme et je savais que je ne faisais pas peur aux touristes, même les blancs un peu vieux comme lui, alors je suis allé m'asseoir à côté.

- Vous voulez une carte de téléphone, monsieur ?

- Appelle moi Sandro

Il regarde l'éducatrice s'éloigner et sent un soulagement l'envahir. J'ai donné son nom mais ils ne l'ont même pas trouvé, il n'aura pas de problème à cause de moi. On va se retrouver et je lui expliquerai que j'ai eu peur des policiers. C'est la première fois que je fais une bêtise, il comprendra. Malik recule vers son lit et s'allonge lentement en essayant de garder devant les yeux l'image d'un Sandro pardonnant. Il me prend dans ses bras et me rassure, ce n'est pas grave cette histoire de nom, le plus important, c'est qu'on soit de nouveau ensemble. L'image perdure plusieurs secondes puis Malik fronce les sourcils. J'ai toujours des problèmes avec les noms, je ne comprends pas pourquoi c'est important. Que je m'appelle Malik ou Taylor ou autrement, c'est toujours moi. Comme les acteurs qui changent de nom dans les films, on sait toujours que c'est eux. Il regarde sa télévision accrochée en haut du mur. Le bureau de la juge apparaît soudain sur l'écran noir.

- Quel est le nom de vos parents ?

- Je ne me souviens pas de leur nom, j'étais trop petit …

- Alors Taylor n'est pas votre vrai nom de famille ?

- Si c'est mon vrai nom, maintenant.

Il se relève d'un coup pour ne pas voir le visage de

la juge qui le regarde. Il fait les cents pas dans sa chambre. Il sent que quelque chose lui échappe mais, trop épuisé pour y réfléchir, il se laisse tomber sur son lit. Il voudrait dormir mais son corps entier est pris de tremblements. Il serre les bras très fort autour de sa taille et arrête de respirer. Les secondes passent et lui brûlent la poitrine, il sent les larmes monter. Si je pleure, je ne pourrai plus jamais m'arrêter. Il approche sa tête du mur et frappe un grand coup. Le sang gicle de son front. Les chiens aboient, ils approchent, ils sont tout près, il peut déjà voir leurs yeux. Il sent leurs dents déchirer sa chair et voit le petit Boubou se faire dévorer à côté. Malik doit l'aider, il se débat de toutes ses forces, donne des coups de pieds et des coups de poings, autant qu'il peut.

- Arrête Malik, calme-toi !

Les chiens sont sur lui mais il parvient à repousser ceux qui s'attaquent à Boubou. Malik lui crie de s'enfuir mais Boubou semble dormir les yeux ouverts. Sauve-toi Boubou, sauve-toi !

- Malik, calme-toi, tout va bien !

Boubou ne bouge plus. Il est déjà mort. Malik n'entend plus rien, ses yeux se brouillent, il ne sent plus son corps. Les chiens disparaissent. Malik arrête de lutter. Boubou est tranquille maintenant, il dort pour toujours, il ne risquera plus les attaques des chiens.

- Il est stable, on l'a sédaté, on le transfère.

Boubou, tu es bien maintenant, tu n'as plus peur, tu ne dors plus dehors, tu dors dans mon cœur. Je ne t'oublierai jamais. Je dirai aux autres que tu m'as sauvé la vie et tout le monde se rappellera ton nom. Voilà pourquoi c'est important les noms. Boubou. BOUBOU !

- Jeune homme, vous m'entendez ? jeune homme ?

Une lumière au loin. Encore les chiens ! Malik veut courir mais quelque chose le retient. Il essaye de se dégager mais ses bras n'ont plus aucune force. Les aboiements se rapprochent. Surtout ne plus bouger, ne plus respirer.

- Oxygène ! vite !

Ils sont tout près, j'entends leurs souffles. Ne plus bouger. Ils ne me verront pas. Chaque fois, les gardiens nous attaquent avec leurs chiens, ils ont eu Boubou mais ils ne m'auront pas ! Pauvre Boubou, c'est fini pour toi, je vois maintenant ton visage dans le ciel. Il essaye de me parler mais je n'entends pas, les gardiens sont devant lui. Poussez-vous ! Je veux voir Boubou !

- Mais merde qu'est-ce qu'il nous fait ? allez, reste avec nous jeune homme !

Boubou, qu'est-ce que tu dis ? Je ne t'entends pas ! Boubou me regarde fixement, son visage est en train de changer, il a l'air plus vieux, il ressemble au veilleur de nuit.

- Ah, il revient, hé jeune homme, ça va ? tu me vois ? … monsieur, il vous regarde, approchez-vous et parlez-lui !

- Malik, c'est moi, Toumany, comment ça va ?

- Boubou… ?

- C'est Toumany, de l'hôtel, tu me reconnais ?

comment tu te sens ?

- Boubou …

- Qui est Boubou ?

- Il était là…

- Bon, laissez-moi faire, alors jeune homme ? tu nous entends ? tu es à l'hôpital, tu te souviens de ce qui s'est passé ?

- J'étais avec Boubou sur le port et …

- Quel port ? bon, on t'a donné des médicaments, c'est pour ça que tu es un peu perdu, c'est normal, ça va passer… tu te souviens comment tu t'es blessé à la tête ?

- C'est à cause des chiens !

- Ok… radio, scan et bilan ! tu restes avec nous cette nuit, on va s'occuper de toi.

Malik est emmené sur un brancard, on le porte, on lui parle, mais il n'entend plus. Il est sur quelque chose de très doux, il sourit et s'endort enfin.

Quand il ouvre les yeux, quelque chose l'empêche de bien voir. Il essaie de toucher son visage mais il ne peut pas bouger les mains.

- C'est un bandage pour protéger ta tête, répond l'éducatrice.

Malik voudrait se relever mais ses mains et ses pieds sont attachés.

- Ils ont dû le faire car tu étais très agité mais si tu restes calme je peux leur demander de te détacher.

- Oui.

L'éducatrice sort de la chambre, Malik regarde de tous les côtés. Il ne sait plus où il est. Il a mal à la tête. Qu'est-ce qui m'arrive ? L'éducatrice revient accompagnée d'une infirmière.

- Alors, ça va mieux ?

- Oui.

- Je t'enlève les liens mais tu restes tranquille dans ton lit, promis ?

- Oui.

- C'est bien, mais restez quand même avec lui, madame.

Malik est seul avec l'éducatrice, il n'ose pas la regarder. Elle ne pose pas de question, c'est déjà ça. Il ne saurait pas quoi répondre. La porte s'ouvre, c'est le veilleur.

- Alors Malik, ça va mieux on dirait.

Malik le regarde et ne répond pas, il sent les larmes monter. Le veilleur s'approche doucement et le prend dans ses bras, Malik se met à sangloter. L'éducatrice s'éloigne, les laissant tous les deux. Il pleure longtemps. Quand il s'arrête, il se recule et découvre avec étonnement le visage du veilleur. Il se croyait tout seul.

- Comment tu te sens ?

- Oui, je veux retourner à l'hôtel.

- On va rentrer, juste le temps d'avoir les résultats de tes examens et on s'en va.

- Quand ?

- Bientôt, ne t'inquiète pas… je dois partir maintenant, je reviendrai plus tard… s'il te plaît reste tranquille, fais ce que les médecins te demandent.

Malik reste deux jours à l'hôpital. Les médicaments qu'on lui donne le font dormir d'un sommeil sans rêves. Le jour de sa sortie, l'éducatrice lui explique qu'il ne pourra plus rester seul dans sa chambre d'hôtel après ce qui vient de se passer. Il sera beaucoup mieux dans une famille d'accueil. Ils n'ont pas trouvé de familles disponibles pour l'instant mais ils vont chercher. Malik ne comprend pas vraiment de quoi il s'agit et ne répond pas.

- En attendant, on passera te voir tous les jours dans ta chambre.

- Non, ce n'est pas la peine…

- Malik, on n'a pas le choix, tu t'es fait très mal à la tête ! heureusement que ce n'est pas grave, mais on ne veut pas que ça recommence !

- Ce n'est pas de ma faute, c'est à cause des chiens…

- Et tu auras un rendez-vous avec la psychologue de l'association.

Arrivé à l'accueil de l'hôtel, Malik salue de la main l'éducatrice mais elle le suit dans l'escalier.

- Écoute, je sais que c'était difficile pour toi chez

la juge mais on essaye de t'aider.

- Alors laissez-moi… s'il vous plait… je veux dormir.

- Tu vas d'abord prendre tes médicaments, Toumany est parti les chercher.

- J'ai besoin d'aller aux toilettes.

- Vas-y mais je reste à côté.

Malik s'enferme dans les toilettes du palier et attend. Il se regarde dans le miroir et observe son visage tuméfié, son œil gonflé sous le bandage. Il se rappelle maintenant, il a déjà fait ça une fois à l'école quand il était petit, au pays. C'était pour réussir à s'endormir, un soir où il faisait trop froid. Mais quand j'ai rencontré Sandro, je n'ai plus jamais eu froid. Sandro où es-tu ?

- Malik ? à qui parles-tu ?

- … à personne.

L'éducatrice est juste derrière la porte, il peut entendre sa respiration et les pas du veilleur montant dans les escaliers.

- Ah, tu arrives au bon moment, tu as tout trouvé ?

- Oui, qu'est-ce qui se passe ?

- Il est aux toilettes. (elle chuchote quelque chose que Malik n'entend pas)

- Je vais rester avec lui si tu veux.

- Oui, je crois qu'il sera plus en confiance avec toi… Malik, je dois partir mais Toumany va rester avec toi, il te donnera tes médicaments et ton argent de la semaine, d'accord ?

- … oui.

Il entend l'éducatrice descendre les marches. Le veilleur est toujours là. Derrière la porte.

- Malik, est-ce que tout va bien ?

- Oui.

- Tu peux sortir alors.

Malik ouvre la porte sans oser regarder le veilleur. Il a honte de son apparence.

- Allez, viens prendre tes médicaments et je te laisse tranquille, je t'ai pris du lait aussi, comme je sais que tu aimes bien ça.

Le veilleur pose l'enveloppe pour Malik sur la table et s'assoit sur la chaise. Il chausse ses lunettes pour lire l'ordonnance. Malik le regarde. Sandro aussi mettait des lunettes pour lire. L'image de Sandro l'envahit. Non pas maintenant ! Plus tard, quand je serai tout seul ! Le veilleur lui tend un verre de lait avec des comprimés, Malik avale tout. Le veilleur sourit.

- Tu veux que je te laisse te reposer ou tu préfères que je reste un peu ?

- Non ça va, je vais me coucher.

- D'accord, je suis en bas, tu peux venir me voir quand tu veux.

- D'accord.

Malik referme la porte. Enfin seul. Il reprend possession de sa petite chambre. Il s'allonge sur son lit et cherche la présence réconfortante de son écran, il a tellement de choses à lui raconter.

- Ah, tu es revenu ?

- Oui j'étais à l'hôpital, à cause…

- Des chiens, je sais.

- Comment tu sais ? les autres disent que ce n'est pas vrai.

- Ils ne savent rien de ta vie.

- Ça c'est vrai ! mais ils pensent que c'est moi qui invente !

- Ne les écoute plus.

- Mais pourquoi personne ne me croit ? j'en ai marre ! je veux retrouver Sandro !

- Il t'a laissé tomber lui aussi.

- Non tais-toi ! tu ne sais rien de lui ! tu es comme les autres ! vous parlez mal de lui alors que vous ne le connaissez pas ! il n'est pas comme vous pensez… moi avant, je n'avais pas de maison, je dormais où je pouvais et il m'a fait venir chez lui !

- Malik, tout va bien ? demande la voix du veilleur derrière la porte.

- … quoi ? répond Malik, décontenancé.

- Tu es en train de crier, ça va ? ouvre la porte s'il te plait.

- … non, ça va, je vais bien.

- Je veux juste te voir une minute, ouvre la porte.

- Non mais ça va je vous dis !

- J'ai la clé, ne m'oblige pas à ouvrir.

Malik ne répond pas.

- Bon, je rentre alors ...

Le veilleur ouvre la porte, Malik est debout au milieu de la pièce, immobile.

- Qu'est-ce qui t'arrive ? demande le veilleur en approchant.

Malik reste figé, ses yeux dans les yeux du veilleur. Ce dernier le prend doucement par l'épaule et le fait asseoir sur le lit. Il lui enlève ses chaussures et l'allonge. Malik se laisse faire. Le veilleur étale le drap sur lui, puis une couverture. Malik voudrait qu'il rajoute encore des couches et des couches, jusqu'à ce qu'il se sente écrasé.

En descendant l'escalier, le veilleur se dit que ce petit ne va pas bien. Il a vu défiler toutes sortes de jeunes ici mais celui-ci est vraiment à part. Puis, il pense à Lisette et Bintou, c'est vraiment un étage spécial. Il se demande si les éducateurs ont fait exprès de les mettre ensemble ces trois-là. Il en parlera à l'éducatrice à l'occasion. Et puis non, il est juste le veilleur de nuit, ce n'est pas son rôle.

Il reprend sa place à l'accueil et lit le cahier de ronde. Le message laissé par son collègue, le gardien de jour, est : R.A.S. Il chausse ses lunettes et prend son stylo dans la poche de chemise. Il inscrit la date et s'arrête. Non, je ne vais pas écrire que Malik était agité, je ne veux pas qu'il ait des problèmes. Il referme le cahier et réfléchit. Il soupire, ouvre de nouveau le cahier et écrit à son tour R.A.S.

Malik est toujours sous les couvertures, il laisse infuser les bons soins du veilleur. Il commence à s'endormir quand il entend des bruits dans le couloir. Bintou est au téléphone, elle parle dans une langue que Malik ne comprend pas. Ce n'est pas la première fois qu'il l'entend téléphoner mais c'est la première fois qu'il l'entend pleurer. Elle semble supplier quelqu'un. On a tous nos problèmes se dit Malik, se tournant face au mur. Ils ne se sont jamais parlé, ils se croisent seulement dans l'escalier et se saluent de la tête. Bintou pleure toujours. Ce n'est pas mon problème, pense-t-il, en focalisant son attention sur le poids des couvertures. Il est de nouveau alerté par des pas dans l'escalier. C'est le veilleur, il s'adresse à Bintou. Ils parlent quelques secondes puis redescendent ensemble vers l'accueil. Le silence se fait enfin et Malik s'endort.

Cette nuit-là, il est transporté dans un ascenseur transparent qui monte sans s'arrêter. Des infirmières entrent et sortent à travers les parois, tandis que lui est bloqué à l'intérieur. Personne ne semble le voir et il se dit que ça va bien finir par s'arrêter.

A six heures du matin, le veilleur toque à la porte.

- Malik, ça va ? tu dors ?

- Oui, je dors.

- Ok à ce soir, répond le veilleur en souriant.

- Oui … va retrouver ta grosse femme, rajoute Malik à voix basse.

Toumany est en effet soulagé de rentrer chez lui. Il repense à la détresse de Bintou. Quand il l'a enfin raccompagnée à sa chambre, ils ont entendu des chants venant du lit de Lisette, derrière le rideau qui sépare la chambre des filles.

- Elle prie ! elle ne fait que ça, même la nuit ! dis-moi la vérité, vous m'avez mis chez les fous ? gémit Bintou.

- Alors tu es folle toi aussi ? répond Toumany avec un sourire

- Non, arrête tes bêtises !

- Alors eux non plus ! écoute, ils sont plus petits que toi et ils viennent d'arriver, laisse-leur le temps de s'habituer, allez, essaye de dormir maintenant … et ne pense plus à tout ça, ces histoires de ragots sur internet, laisse parler les gens, ça ne vaut pas la peine de pleurer pour ça.

- Oui … merci à demain.

Cette nuit, il y a aussi eu une bagarre entre les deux nouveaux du premier étage et une alarme incendie habituelle dans la cuisine. R.A.S, donc. Cela fait dix ans qu'il travaille ici, il sait quand c'est grave ou pas.

Malik se lève, il a toujours mal à la tête. Il pointe son doigt vers l'écran sans le regarder et lui dit « tais- toi ». Il entend Bintou descendre l'escalier, à sept heures comme chaque matin, il peut maintenant aller prendre sa douche. L'eau chaude réveille son corps engourdi. Il s'habille et décide de sortir faire un tour pour échapper aux remarques désobligeantes de l'écran. Dans le hall de l'hôtel, il croise l'éducatrice.

- Malik, où vas-tu ?

- Dehors.

- Ce n'est pas une bonne idée de sortir tout seul, si jamais tu ne te sens pas bien, qu'est-ce que tu vas faire ?

- Je ne sais pas, je vais m'asseoir.

- D'accord mais …

- Je vais seulement à l'épicerie.

- Ok vas-y mais dépêche-toi, je monte voir les filles.

Malik marche sur le boulevard, il patiente au feu rouge et regarde l'affiche sur le bus, puis il observe les passagers monter et descendre. Sandro ! C'est Sandro dans le bus ! Malik traverse la rue en courant et se précipite à l'intérieur du véhicule. Il avance, dévisage tout le monde, haletant, l'air hagard. Sandro n'est plus là. Le bus démarre. Non, non, laissez-moi descendre ! Malik s'accroche aux battants de la porte. Il doit trouver Sandro. Le conducteur lui crie de patienter jusqu'au prochain arrêt mais Malik ne s'est jamais éloigné de ce côté, il va se perdre. Il supplie le chauffeur de le laisser sortir et tente encore d'ouvrir les portes. Tout le monde le regarde. Le bus s'arrête à côté d'une voiture de police, le chauffeur descend, les policiers montent. C'est lui là-bas.

- Bonjour monsieur, qu'est-ce qui se passe ?

- Je … je me suis perdu.

- Où habitez-vous ? vous êtes mineur ?

- Je suis à l'hôtel, oui j'ai quinze ans.

- Quel hôtel ?

- L'hôtel solidarité, là-bas... répond Malik en pointant du doigt derrière lui.

- C'est à côté … (il chuchote quelque chose à son collègue) … allez, viens avec nous, on te ramène.

La voiture de police s'arrête devant l'hôtel. L'éducatrice est sur le trottoir, au téléphone. Elle raccroche précipitamment et jette sa cigarette. Malik sort entre deux policiers.

- Bonjour, il est à vous celui-là ? lance le policier, en montrant Malik.

- Oui mais … que se passe-t-il ? demande l'éducatrice, blême.

- Ne vous inquiétez pas madame, il a juste fait un petit tour en bus et il s'est perdu, rien de bien méchant, allez, au revoir Malik, et ne te perds plus !

Malik salue de la main les policiers qui remontent dans leur voiture.

- Heu… tu m'expliques ? tu connais ces policiers ? demande l'éducatrice.

- Non.

- Pourquoi ils te ramènent ici alors ?

- Je ne sais pas.

- Comment ça tu ne sais pas ? et c'est quoi cette histoire de bus ? tu t'es vraiment perdu pour aller à l'épicerie ? tu te fiches de moi ?

- Non, je …

- Bon Malik, si tu ne dis pas ce qui s'est passé, on ne va pas avancer !

- Je … je regardais le bus et les policiers ont pensé que j'étais perdu, ils ont proposé de me raccompagner ici, c'est tout.

- Comme ça ? juste pour te rendre service ?

- Oui.

- C'est ça oui … bon, comme tu veux … et ta tête, ça va mieux ?

- Oui, ça va, c'est fini.

- Bon, si tu le dis … Allez, remonte dans ta chambre.

L'éducatrice s'en va en maugréant, ce petit la prend vraiment pour une idiote. Elle comprend bien qu'il s'ennuie, comme Lisette, mais tous sont deux arrivés à l'hôtel au début de l'été, l'association n'a pas grand-chose à leur proposer. Les cours de remise à niveau en français et mathématiques ne reprendront qu'en septembre. Puis, elle pense à Bintou encore absente de l'hôtel. Elle est bientôt majeure et suit une formation en apprentissage mais ce ne sont pourtant pas ses heures de travail, où est-elle encore ?

Malik monte rapidement les escaliers et s'enferme dans sa chambre, il enlève ses chaussures et saute à pieds joints sur son lit.

- Tu sais quoi ? je connais des policiers !

- Ah oui ?

- Et ils m'ont raccompagné en voiture jusqu'à l'hôtel ! ils étaient très gentils, comme s'ils savaient déjà que je serai connu plus tard !

- Ah oui, c'est possible, les policiers ont des informations.

- Oui, c'est sûr ! la dame ne me croyait pas, pourtant c'est la vérité ! j'étais dans le bus et … Sandro ! j'ai oublié Sandro !

- C'est trop tard, il est parti maintenant.

- Non, tais toi ! j'y vais, c'est pas toi qui va m'empêcher !

Il enfile ses chaussures et dévale l'escalier. A l'accueil, le gardien de jour n'a pas le temps de réagir, Malik est déjà dehors. Il s'engouffre dans la rue, direction l'arrêt de bus. Il cherche pendant plusieurs minutes, mais Sandro a disparu. Il s'assoit sur un banc du Boulevard et attend. Il se remémore l'image fugace derrière les vitres. C'étaient les mêmes cheveux … Il n'est plus tout à fait sûr. Mais si, ça ne pouvait être que lui. Il est venu me chercher. Il ne m'a pas trouvé, mais il va revenir.

Il observe les passants qui le regardent en retour. Ne me regardez pas. Il met sa main devant ses yeux. Je suis invisible, seul Sandro peut me voir. Il relève la tête et regarde de nouveau les passants pour savoir si sa magie a fonctionné. Mais leurs yeux noirs lui murmurent toujours « Que fais-tu ici petit démon ? ». Il bondit et repart en courant vers l'hôtel. Dans l'escalier, il croise un garçon du premier étage, qui le dévisage d'un air réprobateur et lui lance :

- Hé toi, pourquoi tu as une chambre tout seul ?

- Je ne sais pas … répond Malik, sans s'arrêter.

- Tu ne sais pas ? continue l'autre en criant. Tu fais le fou exprès pour être tout seul pendant que nous on est trois dans la chambre, c'est ça ? hé, je te parle !

Malik ne répond pas et monte rapidement au troisième étage. Il referme le verrou de sa chambre et file se réfugier entre l'armoire et la fenêtre. Haletant, le dos figé à la paroi. Les minutes passent, Malik tend l'oreille et ne perçoit plus aucun bruit sur le palier. Il se décide à sortir de sa cachette et va s'asseoir sur son lit. *Pourquoi ma magie n'a pas fonctionné tout à l'heure ?* Il fixe l'écran au-dessus de sa tête et se concentre. *Sandro, où es-tu ?* L'objet reste inanimé. *Allez, donne-moi une image !* Malik fixe son regard jusqu'à ce que ses yeux le piquent. Le bureau de la juge apparaît.

Oh non pas ça ! Trop tard, Malik est happé par la scène.

- Sandro, c'est tout ? il n'a pas de nom de famille ? demande la juge.

- Je ne sais pas.

- Comment les gens l'appelaient ? monsieur comment ?

- Je ne sais pas !

- Malik, je sais que tu penses bien faire en le protégeant mais c'est un adulte et toi tu es mineur.

- Il s'occupe bien de moi !

- Est-ce qu'il t'a envoyé à l'école ?

- Non mais … il m'a appris le français.

- Est-ce que tu pouvais sortir ? avoir des amis ?

- Non mais … je n'avais pas besoin … vous ne savez pas comment était ma vie avant !

- Malik… si ce monsieur avait vraiment voulu t'aider, il aurait fait autrement…

Malik se ressaisit, il ne veut pas voir la suite. Il la connaît. Il s'est mis à pleurer.

Tout le monde a arrêté de parler dans le bureau. On

entendait que moi. Et à la fin de ce long silence la juge a dit « tu iras à l'école bientôt ». Mais je ne retournerai jamais dans une école, jamais ! Je croyais qu'elle était gentille mais en fait non. Et comment je pourrais savoir si les gens l'appelaient Sandro ou autrement ? On ne faisait rentrer personne chez nous. Je ne l'ai jamais vu avec quelqu'un d'autre, il n'avait besoin que de moi.

2

Malgré la chaleur, Malik tente de s'endormir. L'orage qu'il attendait n'est pas venu. Cela ne lui a jamais fait peur, au contraire, c'était l'un des rares bons souvenirs à l'école. Au pays, pendant la saison des fortes pluies, les gardiens regagnaient souvent le bâtiment principal et laissaient les enfants seuls dans le dortoir. Un air de liberté soufflait soudain, on entendait des cris et des rires, si rares en ce lieu. C'est le moment que choisissait Malik pour sortir seul dans le couloir, à la recherche d'une issue. Mais les gardiens fermaient toujours la porte avant de partir et n'étaient jamais loin. S'ils t'attrapaient, on t'entendait crier pendant longtemps. Il se souvient du jour où la porte des toilettes des gardiens est restée ouverte. Il fallait monter sur un seau, puis s'agripper au portemanteau et attraper le rebord de la fenêtre avec le pied pour se hisser. C'était presque impossible à faire mais ce jour-là, c'était comme si quelqu'un le portait pour y arriver. Ensuite, il fallait sauter dans le vide, passer le ravin, puis la clôture et, derrière, ce n'était plus l'école.

C'est la première fois qu'il y repense sans avoir peur. Il prend une inspiration et tente de pousser le souvenir un peu plus loin. Le ravin était plein de boue et ça m'a fait glisser, j'ai déchiré mon short sur la clôture et j'ai perdu mes chaussures, mais j'ai réussi. Puis j'ai commencé à courir. Quand l'orage s'est calmé, il faisait presque jour et j'avais mal aux pieds. J'ai vu un camion et des voitures arrêtés sur la route, j'entendais les chauffeurs qui criaient. J'ai fait le tour par derrière et je suis monté dans un camion. Je me suis caché sous une bâche et j'ai attendu sans bouger. Le chauffeur a redémarré je crois que je me suis endormi sous la bâche, tellement elle était lourde.

Je me suis réveillé quand il a ouvert la porte. Il m'a

crié de dégager et j'ai sauté du camion. Je l'ai regardé monter sur le toit avec sa bâche et la fixer sur ses marchandises. Puis, il est descendu et s'est dirigé vers sa portière. Il s'est retourné vers moi. Il a dit tu vas où. J'ai dit je vais à la capitale. Il m'a fait un signe de la main d'un air énervé et j'ai compris que je pouvais remonter. La capitale je ne sais pas où c'est mais les grands en parlaient souvent. Ils racontaient que c'était vraiment la belle vie là-bas, mais les surveillants disaient qu'ils avaient été envoyés ici à l'école parce qu'ils avaient volé ou blessé des gens.

Quand le chauffeur s'est arrêté à la gare routière, j'ai cru qu'il me laissait tomber en route, mais il a dit c'est ici la capitale. Il y avait des dizaines de voitures et des camions. Il m'a montré du doigt des oiseaux. Il a dit c'est le port, tu vas trouver des gens. J'ai marché longtemps et j'ai trouvé Boubou, qui rongeait un épi de maïs. Il était encore plus petit que moi. Il m'a regardé et s'est éloigné en protégeant son vieux maïs.

Ce souvenir le fait sourire un instant. Il croise les bras, cale ses mains sous ses aisselles et ferme les yeux, décidé à s'endormir. Il se sent décoller et planer dans les airs puis se réveille en sursaut quand des cris résonnent dans le couloir. C'est la voix de Bintou. Il se fige dans son lit et écoute. Elle parle au téléphone, il ne comprend pas tout ce qu'elle dit, seulement les mots « au nom de Dieu, s'il vous plait, aidez-moi ! ». Puis elle semble appeler une autre personne, parle plus doucement et répète qu'elle va envoyer de l'argent. Elle raccroche et Malik l'entend dévaler les escaliers. Bintou sort de l'hôtel et prend la direction du métro, elle essuie ses larmes en descendant les marches. Son téléphone sonne de nouveau, c'est encore son cousin au pays, il appelle depuis des jours, elle sait ce qu'il veut, elle ne répond pas.

Quand Malik se décide à se lever, il se sent aussi fatigué que la veille. Il fait déjà très chaud mais il décide de nettoyer sa chambre de fond en comble.

Ça peut attendre, retourne te coucher, souffle l'écran. Non, je vois du sale partout. Il enchaine avec une lessive dans son petit lavabo. Il étend ses affaires avec le sentiment de devoir accompli. Je vais prendre une douche, sinon je vais tout salir. Il savonne avec application chaque partie de son corps, s'essuie méticuleusement et commence à s'habiller quand il entend du bruit dans l'escalier. Quelqu'un monte jusqu'à son étage.

- Bonjour, qui est dans la douche ? demande l'éducatrice.

- C'est moi, Malik.

- D'accord, on se parlera après ta douche, je vais voir les filles.

Derrière la porte, il l'entend parler avec Lisette et lui demander où est Bintou. Elle s'écrit « Ah non, ce n'est pas possible ! Elle devait être présente ce matin, on avait rendez-vous ! Préviens-la de m'appeler dès qu'elle revient, sinon elle va avoir un problème ! ».

L'éducatrice redescend, Malik entrouvre

lentement la porte de la douche. Il aperçoit le visage de Lisette, qui lui adresse un petit sourire malicieux à l'autre bout du couloir. Surpris, il referme immédiatement la porte. Il se regarde dans le miroir, il a l'air apeuré. Il se reprend et ressort, affichant un air plus sûr de lui, mais elle a refermé sa porte. Il retourne dans sa chambre et s'assoit sur son lit. Une profonde tristesse l'envahit. Sans un mot pour l'écran, il se lève et décide de sortir. Dans l'escalier, il se dit qu'il n'a pas besoin de le prévenir à chaque fois, de toute façon il sera toujours là, accroché au mur, quand il reviendra. Il salue le gardien du week-end et se dirige vers la sortie. Il tourne la tête du côté droit, où il n'est jamais allé, puis se ravise et part sur la gauche, en direction du boulevard.

La chaleur a vidé la place et peu de bus circulent en cette fin juillet. Un vendeur ambulant vend du maïs grillé devant le métro, Malik avance vers lui comme un automate. C'est combien ? Deux euros. Il paye et s'éloigne en admirant cet énorme épi brulant. L'odeur le ramène immédiatement sur le port, quand les maïs déjà rongés constituaient souvent sa seule nourriture. Il laissait les meilleurs à Boubou parce qu'il était plus petit. Regarde ceux que je mange maintenant ! Il égrène quelques grains qu'il fait tomber à terre pour Boubou. Quelques pigeons approchent, Malik ramasse ses grains en vitesse. Je vais trouver un meilleur endroit. Il se dépêche de regagner l'hôtel et monte quatre à quatre les escaliers. Une fois dans sa chambre, il pose les grains bien alignés sur la petite table. Un, deux, trois, quatre, cinq. Un festin. Une idée lui traverse la tête, il prend une assiette et dispose les grains au centre. Puis, il ouvre son frigo et prend un morceau de banane de la veille. Il coupe des rondelles bien régulières et les pose en rond autour des grains. Il remplit un verre d'eau qu'il pose à côté de l'assiette. Bon appétit Boubou. Il retourne s'asseoir sur son lit et observe son œuvre. Il se tourne vers l'écran.

- Regarde !

- Ça ne suffira pas, il faudra que tu en rajoutes tous les jours.

- Oui je sais et toi tu devras surveiller l'assiette quand je ne serai pas là.

- Oui je sais.

- Tu es sûr ?

- Oui, ne t'inquiète pas.

Malik observe son environnement d'un air satisfait. Mon royaume est le plus beau, personne ne peut faire plus beau. C'est Sandro qui serait content. Sandro … A l'évocation de ce nom, Malik ressent une déchirure dans sa poitrine. Il se sent coupable. Ce n'est pas grave, il t'a oublié lui aussi. Non, arrête, c'est juste que … Je ne sais pas où le trouver. Tu y penseras plus tard. Oui, je suis fatigué, je reprendrai mes recherches demain.

Malik s'endort. Il s'élève dans les airs, plane au-dessus de l'hôtel puis vole de plus en plus haut. Il aperçoit maintenant le port, puis le marché aux poissons. Il plane jusqu'à la dune, vers les planches entassées qui leur servaient de refuge avec

Boubou. Soudain, il se sent tomber et se réveille en sursaut. Il sort de son lit tout tremblant et ouvre la fenêtre. Le vélo du veilleur est là, rangé à sa place dans la cour. Il regarde le vélo pendant de longues minutes, en respirant doucement. Je sais qu'il va monter faire sa dernière ronde tout à l'heure, je vais l'attendre. Les minutes passent et personne ne vient. Malik se concentre « allez, tu peux venir maintenant ». Des pas légers se rapprochent de sa chambre.

- Toc, toc, c'est Toumany.

Malik sourit, fier de ses pouvoirs, et ouvre la porte.

- Alors comment ça va ce matin ? demande le veilleur

- Ça va.

- Je ne t'ai pas vu hier, tu dormais, prends ce ventilateur, il va faire chaud encore toute la semaine, il faut boire beaucoup d'eau, d'accord ?

- D'accord … dit Malik en saisissant l'objet maladroitement.

- Je vais voir les filles, à plus tard.

Malik ne referme pas complètement la porte pour entendre leur conversation. Le veilleur toque chez les filles. C'est Bintou qui ouvre. Malik les observe dans l'embrasure de la porte.

- Tu ne travailles pas aujourd'hui ? lui demande le veilleur.

- Non, je suis un peu malade, répond Bintou.

- Qu'est-ce que tu as ?

- Juste un peu fatiguée… mais je vais prévenir mon patron.

- Ok, c'est normal avec cette chaleur, tu sais que ton éducatrice veut te voir ?

- Oui, je l'appelle tout à l'heure, promis.

- D'accord, je compte sur toi, est-ce que Lisette est prête ?

- Je ne sais pas, Lisette, viens !

- J'arrive ! répond une petite voix.

Malik l'observe discrètement sortir sur le palier avec un sac en plastique à la main, ses tresses relevées sur la tête, et un grand sourire. Elle demande à aller aux toilettes. Malik la voit ensuite ressortir et descendre l'escalier, il referme sa porte sans bruit. Il ne sait pas où elle va et cela lui procure un sentiment désagréable. Quelque chose ne tourne pas rond aujourd'hui.

La fenêtre restée ouverte a fait entrer la chaleur dans la chambre. Malik branche le ventilateur et le pose sur la table. Il joue avec le bouton ON/OFF quelques secondes puis jette un coup d'œil moqueur à l'écran.

- Tu as vu ? lui il fonctionne !

Malik glousse et se dirige vers l'entrée pour rire un bon coup, à l'abri du regard de l'écran. Il revient dans la chambre avec un air sérieux, comme si de rien n'était. Puis, il décide de sortir acheter du maïs pour laisser le temps à l'écran de se remettre de ses émotions. Il lance seulement :

- Je reviens !

Sans attendre de réponse, il file au dehors, s'offre un maïs tout chaud et une bouteille de lait. Puis il retourne vers l'hôtel, en prenant tous les trottoirs à l'ombre. Sur le chemin, il regarde vers la droite cette petite place qu'il dépasse chaque fois sans s'y arrêter. Il remarque un banc beaucoup plus propre que celui du boulevard. Il va prudemment s'y asseoir et boit d'un trait la moitié de sa bouteille de lait. Puis, il verse quelques gouttes sur la terre, au pied des fleurs, dans le bac en pierre, pour Boubou.

- Il ne faut pas jeter votre bouteille ici, jeune homme, lui dit une très vieille dame, assise sur le banc d'en face.

- Je ne jette pas la bouteille, c'est juste un peu de lait …

- Ce n'est pas bon pour les fleurs !

- Ce n'est pas pour les fleurs, c'est pour quelqu'un.

- Ah, si c'est pour quelqu'un, ça va.

Malik la regarde ne sachant quoi répondre, il se lève et s'éloigne. Au bout de quelques mètres, il se retourne et la regarde de nouveau. Elle le fixe avec un sourire. Mal à l'aise, il repart en hâtant le pas. Dans la rue de l'hôtel, il croise Bintou, qui prend la direction du Boulevard. Elle marche vite et ne le voit pas. Il monte jusqu'à sa chambre et se lave soigneusement les mains. Puis, il enlève délicatement quelques grains de maïs et les dépose à la place de ceux de la veille. Il place les anciens grains dans un morceau d'essuie-tout et les jette à la poubelle. Il regarde fixement la poubelle, mécontent. Non, non, je ne peux pas les mettre ici, je dois trouver un endroit plus propre. Je sais, je vais les enterrer ! Il pense à l'endroit où il a versé le lait, mais la présence de la très vieille dame l'inquiète. Je ne savais pas qu'on pouvait être si vieux. Est-ce que je serai vieux comme ça moi aussi ? Allez, j'y retourne, elle sera sûrement partie maintenant.

Il sort en ignorant le gardien de jour qui lui demande de rester dans sa chambre par cette chaleur. Il y a urgence, rien ne pourra exister avant qu'il enterre ces grains. Malik approche de la place et scrute les deux bancs. Personne, la voie est libre. Il s'approche et creuse avec les doigts un petit trou à côté des fleurs. Il y dépose les vieux grains, puis les recouvre délicatement. Il regarde tendrement le monticule de terre. Ils donneront de nouveaux maïs immenses, rien que pour toi mon Boubou. Satisfait, il regagne sa chambre. Il peut maintenant manger avec délectation son maïs encore tiède. Demain, je changerai les rondelles de banane, et j'irai te chercher d'autres fruits mon Boubou. Tu n'imagines pas tout ce qu'il y a ici, mais si tu préfères autre chose, tu n'as qu'à le dire.

Malik s'allonge sur son lit, le regard tourné vers le petit autel. Il réfléchit à la manière de l'améliorer. Qu'est-ce que Boubou aimait le plus ? Sûrement les biscuits qu'ils arrivaient parfois à dérober dans l'entrepôt du port, mais l'évocation de cet endroit lui glace le sang. Boubou est mort pour ces biscuits. Son corps se raidit, il se relève et se campe sur ses deux jambes, au milieu de la pièce. Je vais te trouver des choses d'ici, annonce-il tout haut, pour chasser sa peur. Il se place devant le ventilateur et soulève son tee-shirt, trempé de sueur. Son regard se fixe sur les pales qui tournent si vite qu'elles semblent osciller à l'envers. Il penche la tête d'un côté, puis de l'autre, pour faire passer l'air dans son cou. Même au pays, il ne faisait jamais si chaud. Et puis avec Sandro, on avait la climatisation. Sandro … Il m'a tout donné et moi je le laisse tomber. Je ne sais pas pourquoi je suis comme ça, je suis peut-être mauvais. Les gens du village avaient raison, c'est pour ça qu'ils m'ont chassé. Mais Sandro ne m'a jamais parlé méchamment. Il disait que j'étais un bon petit et qu'il m'aimait.

Quand on s'est vus sur la plage la première fois, il m'a offert un repas complet. Il a seulement demandé où étaient mes parents. Je lui ai dit qu'ils étaient morts, je ne sais pas pourquoi. C'est seulement au troisième repas que je lui ai raconté qu'on m'avait éloigné de ma famille car on m'accusait d'être un enfant qui apporte le malheur. Il m'a assuré que c'étaient des gens méchants, que j'avais bien fait de m'enfuir et qu'il était de mon côté. A partir de là, il m'a fait venir chez lui.

Malik arrête le ventilateur pour couper court à son envie de pleurer. La chaleur l'envahit de nouveau, il décide d'aller prendre une douche froide. Il se prépare et entre dans la petite salle de bain du palier. Là, sur le rebord du lavabo, un sac plastique est posé. Malik le reconnaît, c'est celui que Lisette portait tout à l'heure, elle a dû l'oublier. Il regarde le sac et se demande ce qu'il contient. Sa curiosité le pousse à ouvrir, à l'intérieur se trouve un livre, il le retourne et lit : Sainte Bible. Il le remet immédiatement en place et sort de la douche précipitamment. A pas feutrés, il rejoint vers sa chambre.

Tu n'aurais pas dû regarder, ce n'est pas à toi. Je n'ai pas regardé… et comment tu le sais d'abord ? Je vois tout ce que tu fais. Tu ne vois rien du tout si je ferme la porte, il commence à m'énerver celui-là ! Il rallume le ventilateur, comme un défi à l'écran. Il me donne des souvenirs, lui ! Bras en croix, paumes ouvertes, Malik ferme les yeux. Donne-moi un bon souvenir, s'il te plait. Sa tête se met à chauffer, comme si l'appareil fouillait loin dans son passé, pour y chercher une image heureuse. Il voit apparaître une forêt. Elle est immense, sombre, effrayante.

- Je ne me souviens pas de ça, qu'est-ce que tu me montres ? balbutie Malik, avec un mouvement de recul.

- Approche-toi, souffle le ventilateur.

- D'accord mais … ne me fais pas peur.

- Approche et écoute.

Malik approche son visage du souffle frais. Il ferme les yeux et se trouve plongé dans cette immense forêt sombre. Il avance mais ce n'est pas lui qui marche, on le porte. Il est balloté sur le dos de quelqu'un qui avance très vite. Soudain un grand cri d'oiseau le fait sursauter. Il éteint le ventilateur en le touchant du bout des doigts, comme s'il était brulant.

- C'est un souvenir, ça ?

- Moi ça ne me dit rien, intervient l'écran.

- Arrête monsieur-je-sais-tout, peut-être que tu ne

sais pas ça ! rétorque Malik.

- Je ne m'en souviens pas en tout cas, dit l'écran, froissé.

- Moi non plus, mais on ne peut pas se souvenir de tout.

Malik regarde le ventilateur, il voudrait bien lui poser encore des questions mais il ne veut pas vexer l'écran. Il fera semblant d'avoir chaud un peu plus tard pour le remettre en route. Il se dirige vers son frigo pour faire diversion et finit de ronger son morceau de maïs.

Des bruits de pas résonnent dans l'escalier, Malik s'immobilise, la bouche pleine. Il entend la porte des filles s'ouvrir et se refermer aussitôt.

- C'était qui ? demande-t-il à l'écran.

- Je ne sais pas.

- Je croyais que tu voyais ce qui se passait dans le couloir ?

- Je vois ce que tu vois.

- Ah d'accord, c'est tout ? non, je veux dire, c'est pas mal déjà !

- Je peux aussi voir ta vie et toutes les choses que tu pourrais avoir plus tard.

- Oui, plus tard … soupire Malik.

Il déglutit pour chasser une envie de pleurer. Chaque jour est tellement long, il n'arrivera jamais ce « plus tard ». Il repense à la très vieille dame du square. Je me demande si elle a trouvé sa vie longue, comme moi. Si elle a un ventilateur, il doit être plein de souvenirs. C'est peut-être pour ça qu'elle reste près des fleurs, elle plante des grains pour tous les gens qu'elle a connus et qui sont morts.

Le bruit du portail en bas attire son attention, il s'approche de la fenêtre et voit l'éducatrice garer sa voiture dans la cour. Il l'entend monter l'escalier et s'arrêter un étage plus bas. Elle parle avec des jeunes. Il se rassure, elle n'est peut-être pas venue pour lui finalement. Mais quelques instants plus tard, elle reprend l'escalier pour arriver jusqu'à son troisième étage. Malik ouvre la porte avant qu'elle ne toque.

- Bonjour Malik, tu vas mieux on dirait !

- Oui, ça va, je fais le ménage.

- Non, avec cette chaleur, ce n'est pas une bonne idée, tu le feras demain matin.

- D'accord.

- Tu as bu de l'eau aujourd'hui ?

- J'ai bu du lait.

- Ok, tu as branché ton ventilateur ?

- Oui, oui.

- Pourquoi tu souris ?

- Pour rien.

Elle le salue et se dirige vers la chambre des filles, Malik referme la porte, l'oreille collée contre la cloison. Elle toque chez les filles, appelle Bintou, mais personne n'ouvre. Elle insiste un bon moment mais rien ne se passe. L'éducatrice descend l'escalier en grommelant. Quelques secondes plus tard, il entend la porte des filles s'ouvrir de nouveau. Quelqu'un en sort en courant et vient frapper chez lui. Il ouvre.

- Tiens !

Bintou, haletante, lui tend un bébé, emmitouflé dans une couverture bleue et verte.

- Prends-le, je viendrai le chercher tout à l'heure ! et fais attention, personne ne doit le voir ! compris ? je reviens !

Sans attendre sa réponse, elle lui met le petit garçon dans les bras. Malik, surpris, plie sous son poids. Bintou le repousse vers l'intérieur de sa chambre.

- Mais je … balbutie Malik.

- Allez ! et ne dis à personne qu'il est avec moi ! Elle referme la porte et descend l'escalier en courant. Il pose doucement l'enfant à terre au milieu de la pièce. Le petit chancelle et tombe sur les fesses. Malik s'accroupît à côté de lui. Tous deux se regardent un instant, incrédules.

Des bruits de pas et des voix se font de nouveau entendre dans l'escalier. Malik et l'enfant tournent la tête vers la porte en même temps.

- Si tu es malade, tu appelles un médecin, sinon ton employeur te comptera un jour de salaire en moins ! dit l'éducatrice en arrivant à l'étage.

- Oui, je voulais le faire mais j'ai dormi toute la journée ! plaide Bintou.

- Alors on va en appeler un maintenant, il n'est pas trop tard.

- Non, s'il vous plait, ça va mieux.

- Non, tu n'as pas l'air en forme, je serai rassurée et tu en auras besoin pour le boulot.

Elles entrent dans la chambre des filles et referment la porte. Malik et l'enfant se regardent de nouveau.

- Hé oui, on n'entend plus rien, chuchote Malik pour entamer la conversation.

- Gagaga… balbutie l'enfant en essayant de se relever

- Tu ne sais pas parler ? c'est pas grave, le rassure Malik en lui tenant les mains pour l'aider à tenir en équilibre. Je vais te montrer ma chambre, ici c'est mon lit, là c'est la table et le frigo, et ici le ventilateur, mais ne le touche pas, il est bizarre.

Le bébé fait quelques pas et se met à bailler. Malik

le prend dans ses bras et le pose à plat ventre sur le lit. L'enfant commence à sangloter. Non, ne pleure pas, dit Malik en se couchant près de lui. Le petit garçon lui attrape le nez. Malik sourit et pose sa tête sur le lit. Tous les deux restent ainsi quelques instants. Ils sont sur le point de s'endormir quand de nouveaux pas se font entendre sur le palier.

- Oui docteur, par ici ! dernier étage ! dit l'éducatrice.

- Bonsoir madame, répond une voix d'homme dans l'escalier.

Ils entrent chez les filles et referment la porte. Le petit s'est endormi. Malik reste sans bouger, à l'affut quelques minutes, puis s'endort lui aussi. Soudain, ils sont réveillés par des bruits de gens qui courent dans l'escalier. Malik se redresse d'un coup en entendant des pas lourds devant sa porte, le garçon se met à pleurer. Malik lui met la main sur la bouche, l'enfant prend les doigts dans sa bouche et se calme aussitôt.

- C'est par ici ! crie l'éducatrice.

La porte des filles a dû rester ouverte car Malik entend tout ce qui se passe. Des voix fortes parlent à Bintou, lui demandent de s'asseoir et de se calmer. Elle pleure et dit qu'elle n'est pas malade.

Malik ne comprend pas ce qui se passe, il y a trop de mots qu'il ne connaît pas.

Quelques minutes plus tard, tout le monde ressort et descend l'escalier. L'éducatrice demande à Bintou de ne pas s'inquiéter, les pompiers l'emmènent à l'hôpital mais elle restera avec elle et appellera son employeur.

L'étage est maintenant silencieux. Les respirations de l'enfant redeviennent calmes, il s'est endormi. Malik tente de remettre de l'ordre dans le fil des évènements. Il se demande s'il est en train de rêver, mais le bébé est bien là dans sa chambre. Il se répète les paroles de Bintou « je vais revenir le chercher… Personne ne doit le voir ».

Une minute passe, puis du bruit se met à résonner de nouveau dans les escaliers, il reconnaît les pas rapides de Lisette et sa voix fluette :

- J'ai gagné, je suis arrivée la première !

- C'est toujours toi qui gagnes, renchérit la voix du veilleur.

- C'est parce que tu le fais exprès !

- Non mais je suis vieux moi, bon je vais voir si Bintou va mieux et je te laisse te reposer.

Le veilleur appelle Bintou mais personne ne répond.

- Elle a dû sortir, elle ne va pas tarder, dit le veilleur.

- Oui, je sais, j'ai l'habitude, répond Lisette du tac-au-tac.

- Si tu as besoin de quelque chose, je suis en bas.

- D'accord vieux papy.

Le veilleur descend l'escalier et l'étage redevient calme quelques minutes. Puis, la porte des filles s'ouvre de nouveau, les pas de Lisette viennent vers sa porte.

- Toc, toc !

Malik reste immobile.

- Toc, toc, toc, toc !

Malik se lève doucement et va ouvrir pour éviter qu'elle ne réveille le petit. Il se trouve nez à nez avec Lisette qui le regarde avec de grands yeux. Il ne l'a jamais vue de si près. Son petit visage allongé lui donne un air étrange.

- Tu n'aurais pas vu mon sac en plastique ?

- Non … ou peut-être dans les toilettes.

Lisette court dans la salle bain et crie « Ah il est là, je l'ai trouvé ! ». Le bruit a réveillé l'enfant qui se met à pleurer.

- Tu as entendu ? demande-t-elle.

- Non.

- Si.

Elle s'approche de la chambre de Malik, les pleurs continuent.

- Tu as un bébé ?

- Non, c'est … la télévision.

- Ah d'accord, dit-elle en s'en allant.

Le petit se met à crier. Lisette se retourne et revient en courant, elle bouscule Malik et entre dans la chambre, son sac en plastique collé sous son bras.

- Oh mais oui, tu as un bébé, il est mignon !

Malik referme rapidement sa porte, décontenancé.

Il observe Lisette, qui caresse le dos du bébé.

- Comment s'appelle-t-il ?

- … je ne sais pas.

- Tu ne sais pas ? … il est à qui ?

- Je ne sais pas mais…

- Tu l'as trouvé ?

- Non, on me l'a apporté.

- Ah bon … répond Lisette, sans vraiment écouter, occupée à faire des chatouilles au bébé.

- Mais quelqu'un va venir le chercher, renchérit Malik.

- Non, personne ne va venir te chercher petit bébé, ne t'inquiète pas, je suis là.

- Si, si, elle va venir.

- Qui ? sa maman ? demande Lisette en tournant la tête vers Malik.

- Oui.

- C'est qui ?

- Je … je ne connais pas son nom mais …

- Tu mens, ça se voit, il est tout seul ce bébé, mais c'est fini, on va prendre soin de toi maintenant, grâce à Dieu.

Lisette sort le livre du sac et cherche une page. Elle se met à lire un passage qui parle de l'enfant Jésus. Malik ne comprend pas tout ce qu'elle dit mais la regarde faire, soulagé qu'elle ne pose pas de questions. Il remarque qu'elle lit beaucoup mieux que lui alors qu'elle a l'air un peu plus jeune. Peut-être treize ans ou quatorze ans, se dit-il. Elle continue de lire de sa petite voix douce, Malik les rejoint sur le lit. Lisette interrompt sa lecture et le regarde gentiment.

- Toi tu es le papa et moi je suis la maman, lui c'est notre bébé.

- D'accord, répond Malik avec un sourire amusé.

- Mais il va falloir lui donner un nom.

- Ah bon ? il doit déjà en avoir un.

- Mais on ne le connait pas, alors il faut lui donner nom ! il a eu son baptême ?

- Je ne sais pas, dit Malik, qui ne connait pas ce

mot.

- Surement pas, si tu l'as trouvé dans la rue.

- Je ne l'ai pas trouvé dans la rue, il est à quelqu'un !

- Chut, tu vas le réveiller, tu n'as jamais eu de bébé on dirait !

- Non, je suis trop jeune.

- Moi dans ma maison il y avait beaucoup de bébés, je vais te montrer, c'est pas difficile.

- D'accord …

- Il faut de l'eau.

- J'ai du lait.

- Non, il faut de l'eau pour le baptême, j'ai jamais vu qu'on pouvait le faire avec du lait.

- Un verre d'eau ?

- Plus grand, ce serait mieux.

Malik se lève doucement et remplit un bol qu'il tend à Lisette. Elle le regarde avec une moue.

- Ce n'est pas assez grand, il faut mettre le bébé entier dans l'eau, dit-elle.

Malik la regarde, un peu inquiet. Elle lève les yeux

au ciel et rétorque :

- C'est toujours comme ça le baptême ! normalement c'est le monsieur qui le fait mais tant pis, on ne peut pas le laisser comme ça, on va le faire dans la douche !

- Pourquoi ? on est obligé ?

- Mais oui, pour le protéger ! s'il n'est pas baptisé, il peut lui arriver n'importe quoi, des maladies, des accidents, tu comprends ?

- Oui, je ne savais pas.

- Tu n'es pas baptisé toi non plus ?

- Je ne sais pas, si, sûrement, mais j'étais trop petit, je ne m'en souviens pas.

- Tes parents ne t'en ont jamais parlé ?

- Je n'ai pas de parents, depuis longtemps.

- Ah … tu veux te faire baptiser toi aussi ? compatit Lisette.

- Oui, si ça ne fait pas mal.

- Mais non, au contraire, tu te sentiras très bien après !

- D'accord … si ça peut régler mes problèmes.

- Oh, je suis contente ! se réjouit Lisette en joignant les mains.

- Qu'est-ce que je dois faire ?

- Attends, je vais aller chercher des cadeaux.

- Pour moi ?

- Pour le bébé d'abord ! d'habitude on offre des nouveaux habits, des bijoux mais là ce sera des petites choses, tu as des cadeaux pour lui ?

- Je n'ai que mes deux pantalons …

Lisette ignore la réponse de Malik et regarde le petit garçon.

- Ne t'en fais pas mon bébé, papa et maman sont là.

Bintou attend sur le brancard, ses larmes coulent sans s'arrêter, elle les essuie avec un mouchoir en papier, le regard dans le vide. L'éducatrice est à côté d'elle, au téléphone avec Toumany.

- Oui on a vu le médecin, non ce n'est pas trop grave mais elle va devoir passer sur le billard, elle a continué de travailler malgré les douleurs, bref je te passe les détails … oui l'intervention aura lieu demain ou après-demain, ça dépendra de son état, ils la trouvent épuisée, j'attends avec elle, je t'appelle plus tard.

Bintou ne dit rien. Elle ne pense qu'à son fils. Elle le retrouve aujourd'hui et le perd déjà. Ce n'est pas possible, pas après tous ces risques. Elle ne peut pas rester bloquée ici, elle doit le récupérer avant que le petit con de la chambre d'à côté ne prévienne quelqu'un.

Si l'éducatrice apprend qu'elle a un fils ici, elle perdra sa place à l'association, elle le sait. Elle sera envoyée ailleurs, dans un centre pour les mères avec enfant, loin de Paris, elle devra quitter son travail, sa formation, tout ! C'est arrivé à une autre fille, elle n'a pas pu continuer son année scolaire.

- Pourquoi tu pleures ? tu as mal ?

- Non, répond Bintou, d'une voix étranglée par les sanglots.

- Tu as peur de rester à l'hôpital ? ne t'en fait pas, c'est une toute petite opération, les médecins savent ce qu'ils font.

- S'il vous plaît, j'ai besoin de rentrer à l'hôtel …

- Ce n'est pas possible ma belle, tu as d'abord besoin de te soigner, heureusement que les médecins s'en sont aperçu, ça aurait pu être grave.

- Non … s'il vous plait.

- Je suis désolée Bintou mais tu restes là ce soir.

Bintou se tord la bouche, désespérée. Elle attend que l'éducatrice la laisse seule pour pouvoir appeler sa cousine, elle doit absolument la prévenir d'aller chercher son fils à l'hôtel. Il ne peut pas rester avec ce jeune bizarre, il va se faire repérer. L'éducatrice va fumer une cigarette. Bintou en profite pour rallumer son portable, il reste peu de batterie. Elle a encore reçu les mêmes appels venant du pays. Qu'ils aillent au diable. Elle compose le numéro de sa cousine Aminata en tremblant.

Elles se sont séparées à la Gare RER. Aminata devait se faire héberger quelques jours chez une tante éloignée, en région parisienne. Mais celle-ci a renoncé à prendre l'enfant, de crainte que ses pleurs n'attirent l'attention des voisins, elle a assuré qu'elle chercherait une solution.

Sa cousine Aminata a pris tous les risques pour venir jusqu'ici avec Ibrahim. Bintou a payé plus de deux mille euros pour leur voyage. Sans que personne ne le sache, depuis des mois, elles ont tout organisé. Aminata voulait fuir un mariage prévu par sa famille, avec un vieux cousin. Encore au lycée, elle n'avait pas les moyens de partir. Bintou payait son voyage, Aminata lui amenait son enfant dès qu'il serait en âge de voyager dans de telles conditions. L'entreprise était très risquée mais Bintou n'avait pas le choix. Puisqu'on voulait lui prendre son enfant, elle devait le faire venir jusqu'ici, avec elle, en sécurité.

Passée par la même route un an et demi plus tôt, Bintou lui avait tout expliqué, la remontée vers le Niger, puis la Libye, le point de rendez-vous avec les passeurs, le bateau pour l'Italie et le train pour la France. C'était faisable, avec les moyens et les bons contacts, surtout pour le bateau. Ensuite, étant mineure avec un jeune enfant, elle aurait toutes les chances d'être prise en charge par la Croix rouge italienne.

Tout s'est passé comme prévu, sauf le contrôle de la police italienne et la descente forcée du train en pleine nuit. Bintou avait dû payer cinq cents euros à des routiers pour qu'ils conduisent Aminata et Ibrahim jusqu'à Nice. Elle était prête à payer, elle n'allait pas abandonner si près du but.

Pour son voyage, Bintou avait commencé à économiser bien avant son départ. Elle avait rejoint la capitale et travaillait son français avec les enfants de sa logeuse. Elle savait déjà quasiment lire. Sa vie de vendeuse sur les marchés l'avait contrainte à déchiffrer les étiquettes et à comprendre les langues des touristes.

Une fois à Paris, elle avait pu prouver sa minorité et se faire prendre en charge par l'Aide Sociale à l'Enfance. Scolarisée en cours d'année dans une classe pour primo arrivants, elle avait réussi à intégrer un CAP en restauration, dès la rentrée suivante. Les week-ends, elle cumulait plusieurs petits boulots de coiffeuse et des ménages pour réunir la somme nécessaire au voyage.

Aminata décroche, Bintou lui explique la situation le plus rapidement possible, guettant le retour de l'éducatrice. Mais Aminata pleure au téléphone, sa tante lui a demandé de partir, elle n'est visiblement pas la bienvenue. Bintou pleure à son tour. Tout s'effondre. Aminata tente de la rassurer, elle ira chercher son fils demain à l'hôtel, puis elles se retrouveront dans le hall de l'hôpital et chercheront une solution. Au moins, elles seront ensemble. Bintou lui indique l'itinéraire de l'hôtel et lui demande de l'appeler quand elle y sera.

L'éducatrice revient avec une infirmière. La dame lui explique qu'une chose de plusieurs centimètres va être enlevée de son ventre. Bintou s'évanouit.

Malik attend Lisette partie chercher des cadeaux dans sa chambre. Le petit garçon dort toujours. Elle revient avec les mains chargées de savons, d'élastiques pour les cheveux, de prospectus, de gâteaux et un téléphone. Malik regarde l'objet avec de grands yeux. Elle a un téléphone et elle sait bien mieux lire que moi. C'est quelqu'un.

- Il ne marche plus, dit Lisette qui a vu l'intérêt de Malik pour son téléphone.

- Il est beau quand même.

- Bof, il est vieux celui-là … bon, viens, on va tout préparer, annonce Lisette, ses cadeaux dans les mains.

- Pour aller où ? on ne peut pas le laisser tout seul …

- On va juste dans la salle de bain, on l'entendra s'il pleure, holala !

Malik la suit, bras ballants. Lisette pose les objets sur le rebord du lavabo puis repart chercher sa Bible. Elle positionne les cadeaux selon une logique que Malik ne saisit pas. Il la regarde faire, fasciné.

- C'est bon, va le chercher !

- Quoi ?

- Le bébé ! tu es bête ou tu fais le exprès toi aussi
!

- Mais … on risque de nous voir !

- Mais non, il faut que je fasse tout ou quoi ?

- Non mais …

- Vas-y je te dis.

- D'accord.

Il réveille doucement le bébé, en lui caressant la tête. Il sent qu'il est en train de faire quelque chose de bizarre mais il a confiance en Lisette, elle est plus intelligente que lui. Il porte le petit garçon encore assoupi jusqu'à la salle de douche et le pose lentement à terre.

- Il a fait caca, constate Lisette en reniflant.

- Tu crois ?

- J'en suis sûre ! bon, attends, je vais lui donner une douche, on le baptisera après.

- D'accord, dit Malik soulagé.

Il regagne sa chambre, la chaleur est toujours aussi écrasante. Il hésite à brancher le ventilateur, la situation est déjà assez compliquée. Son regard fait le tour de la pièce, à la recherche d'un support pour se poser. L'assiette avec les grains de maïs est là. Il respire. Une idée lui vient. Il passe la tête par la porte.

- Il a peut-être faim, on devrait lui donner à manger, dit-il, pour gagner du temps.
- Non, après les cadeaux ! clame Lisette catégorique, du fond du couloir.

Bintou est transportée dans sa chambre, on lui a donné un sédatif pour calmer ses pleurs. Comme chaque nuit, son sommeil est peuplé de rêves qui la ramènent toujours vers son pays natal. Elle se revoit fillette, cinq ou six ans à peine, déjà au travail sur le marché, à vendre les beignets fabriqués par sa mère. Elle n'a jamais vécu avec son père, la belle famille s'était opposée au mariage. Bintou a été élevée seule par sa mère, en marge de la famille, du quartier, de tout. Elle a grandi vite et su se débrouiller. Dès ses sept ans, elle confectionnait elle-même les beignets pour les vendre, et trouvait toujours d'autres idées pour apporter à manger à la maison. Quand sa mère est tombée malade, il fallait encore plus d'argent pour acheter les médicaments. Même en travaillant du matin au soir, Bintou ne pouvait pas payer. C'est là que l'idée de l'Europe a commencé à germer. Partir en France, travailler dur, puis revenir aider sa mère en lui ouvrant une petite boutique, loin du village.

A quinze ans, Bintou est tombée enceinte. La famille de son petit ami s'est immédiatement opposée à leur union, une autre future épouse, de bonne famille, était prévue.

Ibrahim est né dans la maison de sa mère et de sa grand-mère. Quand il a atteint ses trois mois, un cousin de sa famille paternelle est venu se présenter devant leur porte.

- Je viens vous prévenir qu'on va venir chercher l'enfant, menace-t-il, en refusant d'entrer.

- Tu vas venir chercher qui ? lui crie Bintou,

tremblante de colère.

- Le petit, où est-il ?

- Personne ne me prendra mon fils, je te le dis devant Dieu !

- On ne peut pas le laisser salir la réputation de la famille, tu le sais très bien. Il n'est rien, il va apporter des problèmes plus tard, répond le cousin en se grattant la tête, visiblement mal à l'aise avec sa mission.

- Je ne sais rien et je ne veux rien savoir de vous ! Après toutes ces années sans le moindre contact, la famille de son père se rappelle à elle de cette manière. Le cousin repart mais Bintou sait qu'elle ne dormira plus tranquille. Elle doit partir avec Ibrahim, loin, en Europe ou ailleurs.

En rêve, elle se voit déambuler dans le marché, ses tongs usées faisant clac-clac dans la boue. Des touristes lui en avaient fait cadeau. Ils les avaient choisies deux pointures trop grandes pour qu'elle puisse les garder longtemps. C'étaient des Français. Bintou savait dire seulement bonjour, comment ça va, ça va bien ? Ils lui ont appris de nouveaux mots pendant leur séjour puis sont repartis en France. Si elle-même n'a jamais pu être scolarisée au pays, Ibrahim, lui, aura la chance d'aller à l'école.

Quand elle l'a aperçu de loin, dans les bras d'Aminata, devant le RER, elle l'a trouvé bien petit pour ses deux ans. Aminata l'avait prévenue qu'il ne grandissait pas bien. Ce n'était pas qu'il était malade, c'étaient plutôt ses conditions de vie qui l'empêchaient de se développer.

Peu avant son départ, Bintou l'avait confié en secret à Aminata, qui l'avait elle-même caché chez une de ses amies, dans une ville voisine, à une heure de route. Elle allait le visiter autant que possible. Son amie vivait un peu à l'écart de sa famille et personne ne devait s'apercevoir de la présence du bébé. Dès qu'il se faisait entendre, elle était obligée de lui dire de se taire. Elle le gardait dans la maison, à l'abri des regards.

Deux semaines avant le départ, Ibrahim fut déplacé

chez une vieille dame, qui devait lui apporter des soins et des protections pour ce long voyage. Aminata est venue le chercher au dernier moment, pour ne pas éveiller les soupçons. Elle a quitté la maison familiale comme chaque matin pour se rendre au lycée, avec tout son argent cousu dans la doublure de sa robe. Seule Kady, la mère de Bintou, était au courant du projet. Elle lui avait confié l'acte de naissance d'Ibrahim, sous film plastique, après avoir embrassé trois fois le document.

Kady n'avait rien dit à Aminata mais elle avait reçu une nouvelle visite du cousin. Il voulait encore voir le petit. Elle avait rétorqué qu'il était en brousse, chez un guérisseur, pour soigner ses coliques. Le cousin n'avait pas eu l'air d'y croire. Le départ de Bintou pour l'Europe quelques mois plus tôt pouvait s'expliquer, les filles de son âge voulaient toutes partir, mais la disparition du bébé faisait parler le voisinage. « La prochaine fois, je ne viendrai pas tout seul » avait prévenu le cousin messager.

- Viens ! lance Lisette, depuis la salle de bain.

- Qu'est-ce que tu veux ? répond Malik, au garde à vous.

- Porte le dans la chambre, je vais lui trouver un habit propre pour le baptême, dit Lisette.

Le garçon, emmailloté dans une serviette, est toujours aussi calme. Malik le prend dans ses bras et le dépose sur le lit. Il s'agenouille à côté et attend Lisette. Elle revient avec un tee-shirt rose et habille le bébé en chantonnant.

- On va d'abord lui choisir un nom, annonce Lisette.

- Pourquoi ?

- Parce qu'il commence une nouvelle vie avec Jésus.

- Mais il n'est pas à moi, je ne peux pas le donner …

- Mais on ne va pas le donner, c'est pour dire qu'il rentre dans notre famille, allez je choisis un nom de la Bible, ça lui portera chance, murmure-t-elle en feuilletant les pages de son livre.

Malik la regarde, il se sent envoûté par ses mains aux doigts fins et ses gestes délicats. Il se demande pourquoi Sandro ne l'a jamais baptisé, ça lui aurait évité tous ces problèmes.

- On va l'appeler Noah, dit Lisette en refermant le livre.

- Noah, c'est facile à se rappeler.

- Allez, on va dans la douche, petit Noah !

- Encore ?

- Pour le baptême, cette fois, allez, amène-le !

Malik obtempère et les voilà tous les trois dans la salle de bain exiguë. Lisette replace les cadeaux en ordre sur le rebord du lavabo.

- Bon alors ? se lamente Malik, qui se sent à l'étroit.

- Attends, je réfléchis … pose-le dans la douche et mets-toi à genoux devant lui, avec les mains comme ça. Moi je vais arriver depuis le couloir en chantant.

- Oui mais pas trop fort, on va nous entendre

- Mais non, allez, mets-toi par terre, je commence.

Malik s'agenouille, il prend les mains du bébé dans les siennes pour l'aider à tenir en équilibre dans la douche. Tous deux attendent l'arrivée de Lisette. Ils l'entendent chantonner dans le couloir. Elle entre dans la salle de bain et ferme la porte. Elle s'agenouille à côté d'eux et continue de chanter à voix basse, les yeux fermés. Malik ne comprend pas les paroles de la chanson mais en profite pour bien observer son visage. Alléluia, lance-t-elle. Cette fois Malik en est sûr, elle chante en anglais. Elle pose ses mains sur la tête du petit garçon et lui parle à voix basse. Puis, elle prend le pommeau de la douche et lui fait couler de l'eau sur la tête. Le bébé se met à rire. Malik reçoit de l'eau sur le visage et grimace.

- Il fait chaud ici, tu ne trouves pas ? dit Lisette, lui envoyant une giclée d'eau dans la figure.

- Ah oui, c'est comme ça ? répond Malik lâchant une main du bébé pour l'asperger en retour.

- Arrête, tiens-le, on n'a pas fini.

- Alors, arrête toi aussi avec l'eau !

- Mais je te baptise, plaisante Lisette.

- Non, tu ne le fais pas sérieusement comme avec le petit, ça ne va pas marcher !

- Mais si, c'est bon, holala.

- Mais tu n'as pas chanté pour moi, tu n'as pas mis les mains !

- Chut, y'a quelqu'un !

Des pas se font entendre dans l'escalier.

- Toc, toc ! c'est toi Malik ? demande le veilleur, derrière la porte.

- Non, c'est moi, répond Lisette, je prends une douche.

- Il est tard, tu ne dors pas ? c'est à cause de la chaleur ?

- Si, si, je finis et je vais me coucher ! bonne nuit vieux grand-père !

Toumâny sourit en regagnant l'accueil. Cette petite est vraiment mignonne, se dit-il, et elle respire la joie de vivre. Ce n'est pas le cas de Bintou. Pourquoi ne m'a-t-elle pas prévenu qu'elle était malade ? Elle m'a seulement parlé de ses problèmes sur les réseaux sociaux, des gens qui portent des jugements sans la connaître. Elle s'est sans doute rendue malade à cause de cela. Je n'y ai pas vraiment prêté attention, je lui ai simplement conseillé de ne pas les écouter, j'aurais dû voir à quel point cela l'affectait.

Une fois en bas, il se rend compte qu'il n'a pas prévenu Lisette de l'hospitalisation de Bintou. Il devrait le faire maintenant, elle risque de s'inquiéter si elle ne la voit pas revenir ce soir. Il remonte au troisième étage.

- Mais, Lisette, tu es encore dans la douche, ça va ? s'inquiète Toumany derrière la porte.

- Oui, ça va, je vais sortir ! répond Lisette.

- Ok je t'attends, il faut que je te parle.

- Non, j'ai pas fini … je viendrai te voir après.

- Lisette, qu'est-ce qu'il y a ? tu es malade ?

- Non, ça va, j'ai chaud, c'est tout.

- Alors sors, je veux te voir, j'attends.

- Oui, je m'habille, holala !

Dans la salle de bain, Malik est en panique. Il tient toujours les mains du garçon. Ils vont se faire prendre c'est sûr. Mais Lisette discute avec Toumany, tout en se mouillant la tête, comme si elle n'avait pas peur du tout. Elle sort de la salle de bain, une serviette sur ses cheveux mouillés.

- Alors, qu'est-ce que tu voulais me dire ? demande Lisette en marchant vers sa chambre, entrainant Toumany dans son sillage.

- C'était pour te donner des nouvelles de Bintou, elle ne va pas rentrer ce soir, elle est à l'hôpital, elle a mal au ventre.

- Ah oui ? répond Lisette en entrant dans sa chambre.

Elle a fermé la porte, Malik n'entend plus rien. Il prend le garçon dans ses bras et sort de la salle de bain sans un bruit. Une fois assis sur le lit, le petit cherche Lisette du regard et se met à pleurer.

- Elle va revenir, ne t'en fais pas … tu as faim

peut-être ?

Malik ouvre son frigidaire, sort sa bouteille de lait et remplit un verre qu'il réchauffe un instant dans ses mains. L'enfant ne le quitte pas des yeux. Malik lui tend avec un sourire. Attends, je t'aide. Puis, il range la bouteille et s'allonge, le bambin blotti contre lui.

Dans la chambre des filles, Toumany regarde furtivement l'étagère de Bintou, à la recherche d'un indice, d'un médicament, mais rien ne lui semble étrange. Il explique la situation à Lisette.

- Tu n'as pas remarqué qu'elle était malade ?

- Non.

- C'est sûr ?

- Oui, allez bonne nuit grand-père, je vais me coucher.

Elle doit quand même être un peu malade ou vraiment fatiguée, se dit-il, d'habitude elle ne me laisse pas partir aussi vite, elle a toujours quelque chose à raconter. Il faut dire que la journée a été longue pour cette petite. Ce matin le test de niveau scolaire puis l'après-midi le rendez-vous avec l'avocate. Il se demande comment elle fait pour être aussi sage et tranquille dans sa situation. Il passe devant la porte de Malik. Celui-là se couche avec les poules, je vais le laisser dormir. Il descend l'escalier, rassuré.

3.

Toumany est en bas à l'accueil, il a posé son téléphone devant lui au cas où l'éducatrice l'appellerait pour Bintou. Il relit les notes qu'il a prises pendant la réunion d'équipe de l'association. C'est seulement la deuxième fois qu'il y participe, d'habitude les veilleurs ne sont pas conviés. L'éducatrice en a fait la demande pour évoquer la situation des deux jeunes désœuvrés du troisième étage, Malik et Lisette. Pour Malik, il a écrit « Age estimé 15/16 ans, stoppé par la Police de l'Air et des Frontières, troubles psychologiques, test de niveau scolaire à passer, formation en apprentissage à prévoir ».

Il se souvient que la discussion a duré plus longtemps pour Lisette. Elle portait sur son refus de donner la moindre information sur son passé et ses origines. Il a seulement écrit « origine inconnue, Police de l'Air et des Frontières, bon niveau scolaire ». On lui avait demandé si le courant passait bien avec Bintou malgré la différence d'âge. Il avait répondu qu'elles cohabitaient sans problème, mais Bintou allant sur ses dix-huit ans, elles avaient peu de choses en commun. Peut-être que l'entente serait plus facile avec Malik, avait-il avancé. Sa remarque avait provoqué quelques sourires amusés dans l'équipe. La discussion s'est terminée sur le projet de les faire se rencontrer lors de la journée à la mer, prévue pour tous les jeunes de l'association ce vendredi.

Bientôt six heures trente, son collègue de jour ne devrait pas tarder pour la relève. Il l'attend avant de monter vérifier si tout le monde dort là-haut. Il toque d'abord à la porte de Malik.

- Bonjour, tout va bien ?

- Oui, répond Malik, sortant du sommeil.

- Tu peux m'ouvrir, j'aimerais te voir avant de partir.

- Oui mais … je suis au lit, tu peux me le dire derrière la porte, je t'entends …

- Non, je ne vais pas crier, sors, je t'attends.

Malik n'a pas le choix, il recouvre le petit garçon avec la grosse couverture bleue et verte et se dirige vers l'entrée en tremblant. Il entrouvre la porte.

- Ça va ? demande le veilleur, en scrutant le visage de Malik.

- Oui.

- Tu n'es pas malade comme Bintou toi aussi ?

- Non.

- Tu es sûr ?

- Oui, sûr.

- Bon, je te laisse dormir, si tu ne te sens pas bien, tu appelles le gardien en bas.

- Oui d'accord, répond Malik en fermant la porte.

Toumany se dirige vers la chambre de Lisette en se disant que l'odeur inhabituelle qui sort de la chambre de Malik pourrait quand même faire penser à quelqu'un de malade. Finalement les deux petits ont peut-être eux aussi des troubles intestinaux. Il doit prévenir l'éducatrice. Il n'avait pas compris que le problème de Bintou pouvait être contagieux.

Malik revient vers l'enfant, toujours caché sous le monticule vert et bleu, il se rend compte de l'odeur. Il soulève un coin de la couverture. Il y a du caca ici, et du pipi aussi, je crois.

Le petit a besoin d'une douche mais impossible d'aller dans la salle de bain, le veilleur est encore chez Lisette et peut sortir à tout moment. Il ouvre la fenêtre en se disant qu'il est vraiment trop jeune pour avoir un enfant. Le garçon se met à gigoter et à gémir. Malik joue avec ses mains pour le détendre mais le petit commence à sangloter. Il faut vraiment le laver. Malik ouvre la porte et inspecte le couloir. Personne. Il prend l'enfant dans ses bras et file s'enfermer dans la douche. Peu après, le veilleur sort de la chambre de Lisette. Elle n'a pas l'air malade mais il va quand même l'avoir à l'œil. Sur le palier, il entend Malik dans la douche. Toumany redescend à l'accueil, pensant qu'il s'est peut-être inquiété pour rien. Il laisse quand même le message à son collègue de jour et écrit dans le cahier : gastro possible au 3ème. Il enfourche son vélo et roule jusqu'au café du coin pour lire le journal avant de rentrer chez lui. Il retrouve ses amis du quartier.

- On a vu un jeune à vous l'autre jour, il s'était perdu, on l'a ramené, lui dit Raoul.

- Ah oui, lequel ?

- Je ne me souviens pas du nom mais un petit bizarre.

- Je crois savoir de qui tu parles, répond Toumany, pensant tout de suite à Malik.

- Il était en panique dans le bus, je n'ai pas compris pourquoi.

- Il vient d'arriver, il ne connaît pas bien le quartier, dit Toumany.

- En tout cas, il était tout content qu'on

l'embarque celui-là !

- Raoul, tu aurais dû faire assistante sociale, je te l'ai toujours dit, lui lance le patron du café.

- Non ça va, j'ai connu les assistantes sociales depuis tout petit, je préfère être du côté flic, ça n'empêche pas de faire un geste de temps en temps.

- Surtout pour les petits de l'hôtel, hein ? ajoute le patron, qui connaît le passé du policier.

- Bon, parlons de choses sérieuses, ta femme, quand est-ce qu'elle me refait à manger ? demande Raoul à Toumany.

- Vous n'avez qu'à vous appeler tous les deux et après vous me donnerez la date ….

- T'es jaloux parce qu'elle m'a trouvé super beau gosse, mais moi je lui fais honneur à ta femme, toi t'es tout maigre, on dirait que tu ne manges pas. Quand Toumany rentre chez lui, il prévient sa femme de la demande de Raoul.

- Ah, ce chéri ! sourit-elle.

- Oui…

- Dis-lui que je lui prépare ce qu'il veut, il est

tellement gentil, je l'ai croisé l'autre jour, il m'a raconté qu'il vous avait ramené un gosse perdu dans le quartier !

- Oui, c'est le petit Malik dont je t'ai parlé.

- Ah, j'étais sûre que c'était lui !

- Pourquoi ?

- Parce qu'il a expliqué qu'il était un peu bizarre.

- Non, il n'est pas bizarre …

- C'est toi-même qui dit toujours qu'il est bizarre !

- Oui, enfin, pas plus que les autres, ils sont tous spéciaux tu sais, je t'ai déjà parlé de Lisette ?

- Oui, viens manger.

- Et hier soir c'est Bintou qui est partie à l'hôpital.

- Ah bon, elle est malade ?

- Je ne sais pas trop, l'éducatrice m'a appelé mais ça captait mal, j'ai compris qu'elle allait se faire retirer un truc dans le ventre.

- Elle est enceinte ?

- Mais non ! pourquoi tu dis ça ?

- Je ne sais pas, j'ai cru que tu parlais d'une IVG.

- Non, pas du tout, je ne pense pas qu'elle ait un copain, elle ne fait que travailler, c'est ça qui la fatigue, et la chaleur aussi.

- J'ai fermé la chambre, tu pourras dormir au frais, mais viens d'abord manger, je pars au travail dans trente minutes, tu as trainé ce matin.

- C'est à cause de ton Raoul, répond Toumany, se dirigeant vers la table de la cuisine.

Quand Aby part travailler, Toumany s'allonge mais ne s'endort pas. Bintou serait donc enceinte ? Les femmes doivent sentir ces choses-là… Et si l'éducatrice avait fait exprès d'être floue pour ne pas dévoiler l'intimité de Bintou ? Oui, ce n'est pas une maladie, c'est un avortement, il en est sûr maintenant. Ou alors une fausse-couche ? Avec toute cette fatigue, c'est possible aussi… Mais puisqu'on ne lui en a pas parlé, il ne va pas poser de question, il fera comme s'il ne savait pas. Il s'endort, l'esprit tranquille.

Lisette sort de sa chambre sur la pointe des pieds

et toque à la porte de Malik.

- Comment va notre petit Noah ? il a bien dormi ? oh, tu l'as lavé !

- Oui, répond Malik, assez fier de lui.

- Très bien mais il faut qu'on lui donne à manger maintenant.

- Je lui ai donné du lait.

- Ça ne suffit pas, va chercher le petit déjeuner en bas, je reste avec lui.

Malik obéit et descend dans la cuisine collective. Peu sûr de ce que mange un bébé de cet âge, il prend un peu tout ce qu'il trouve, du pain, des petits gâteaux, du beurre, de la confiture et un petit pack de jus d'orange avec une paille. Le gardien de jour entre dans la cuisine.

- C'est pour toi tout ça ? demande-t-il.

- Oui …

- Tu n'es pas trop malade alors ?

- Non, pas du tout.

- Bon mais ne mange pas trop non plus, il va faire encore plus chaud aujourd'hui.

Malik remonte l'escalier les bras chargés. En arrivant au deuxième étage, il entend des voix venant de plus haut, sur son palier. Malik s'immobilise pour écouter.

- Je dois le voir, ouvre !

- Non, je ne vous connais pas ! répond Lisette derrière la porte.

- Ouvre, je m'appelle Aminata, je suis la cousine de… sa maman !

- Non, dégagez ou j'appelle le gardien !

- Arrête petite, c'est grave là ! attends, j'appelle ma cousine tout de suite si tu veux, elle va t'expliquer !

- C'est ça, appelez qui vous voulez, je n'ouvrirai pas !

Aminata compose le numéro de Bintou mais personne ne décroche. Elle laisse un message dans une langue que Lisette et Malik ne comprennent pas.

- Elle va rappeler, crois-moi, je vais attendre en bas, prévient Aminata.

- Ce n'est pas la peine ! répond Lisette.

Aminata redescend en pestant contre cette gamine.

Elle croise Malik immobile dans l'escalier.

- Hé, ce n'est pas toi le petit de la chambre là-haut ?

- Euh … si… dit Malik en baissant les yeux.

- Alors c'est à toi que Bintou a laissé le petit ! où est-il ?

- Il est … dans la chambre.

- Allez viens avec moi ! ordonne Aminata en attrapant Malik par le bras.

- Lisette, c'est moi, ouvre, chuchote Malik.

- Non, je sais qu'elle est là, elle veut le prendre ! répond Lisette derrière la porte.

- Mais il n'est pas à toi, donne-le-moi ! supplie Aminata, au bord des larmes.

- Il n'est pas à vous non plus et c'est avec moi qu'il veut rester !

- Mais non, je dois le rendre à sa maman !

- Qu'est-ce qui se passe là-haut ? lance le gardien de jour, en bas de l'escalier.

- Rien ! répond Malik en redescendant un peu.

- Comment ça rien ? attends je monte !

- Non, je discute juste avec Lisette c'est tout ! répond Malik paniqué.

- Tu discutes avec Lisette, c'est nouveau ça ? et ce n'est pas sa voix que j'ai entendue.

Aminata descend l'escalier, elle fusille Malik du regard, puis s'adresse au gardien.

- Désolée monsieur, je suis une amie de Bintou, je passais par-là, mais je crois qu'elle est absente.

- Oui, et il faut s'annoncer à l'accueil pour les visites, mademoiselle.

- Désolée, je n'ai vu personne en bas, je repasserai.

Elle se poste à l'ombre au coin de la rue, en attendant l'appel de Bintou. Elle va guetter leur sortie. Elle ne les laissera pas filer. Depuis le départ, tout s'est passé comme prévu. Même la traversée en bateau, tant redoutée, avait été l'affaire d'une vingtaine d'heures sur une embarcation solide, avant d'être secourue par la

Croix rouge italienne. Quand certains errent pendant des semaines, ou n'arrivent jamais. Alors ici, à Paris, rien ne peut leur arriver, rien de grave. Elle laisse ses pensées vagabonder et imagine sa nouvelle vie en France.

Depuis des années, elle y pense en secret. Puisqu'elle est encore mineure, elle aussi devrait être prise en charge par l'Aide Sociale à l'Enfance. Elle aussi trouvera une formation et un emploi. Elle deviendra juge ou avocate, c'est son rêve. Il fait une chaleur étouffante mais Aminata reste immobile, elle affiche un visage déterminé, le regard fixé sur l'entrée de l'hôtel. Elle attend depuis une bonne heure quand passe une patrouille de police, l'un d'eux regarde dans sa direction. Aminata les voit et s'enfuit en courant. Elle est vite rattrapée, interrogée et embarquée.

Malik fait semblant de chercher ses clés le temps que le gardien redescende les escaliers. Quand les bruits de pas se sont tus, Lisette le laisse enfin entrer. Ils font manger le bébé avec les gâteaux du petit déjeuner.

- Il faut lui trouver un autre endroit, c'est trop risqué ici.

- Non, Lisette, on ne peut pas le garder, il faut le rendre !

- A qui ?

- … A Bintou, c'est elle qui me l'a donné, elle a dit qu'elle reviendrait le chercher.

- Quoi ? Bintou de ma chambre ?

- Oui … mais elle m'a demandé de ne rien dire à personne, c'est pour ça que…

- Il n'est pas à Bintou, elle n'a pas d'enfant ! tranche Lisette.

- C'est elle qui me l'a donné, elle doit connaître sa mère, il faut lui demander.

- Pourquoi elle te l'a laissé ?

- Je ne sais pas … il faut lui demander.

- Elle est à l'hôpital !

- Elle va revenir dans pas longtemps, moi quand j'étais à l'hôpital je suis resté seulement un jour.

- Non, toi tu es resté au moins trois jours, c'est trop long, on ne peut pas le garder ici, ou alors il faut aller voir Bintou à l'hôpital pour savoir si c'est vraiment son bébé … oui je sais, je vais demander à Toumany !

- Il n'est pas là, ce n'est pas encore l'heure.

- Je vais l'appeler, il m'a donné son numéro, je vais chercher mon téléphone, dit Lisette, se levant d'un bond vers le couloir.

Elle revient un instant plus tard avec un téléphone si grand qu'elle doit le manipuler à deux mains. Malik est bouche-bée devant l'objet. Lisette perçoit son trouble et esquisse un petit sourire vainqueur. Elle compose un numéro et met le haut-parleur.

- Allô, bonjour Toumany, je voulais savoir quand Bintou va rentrer de l'hôpital ?

- Bonjour Lisette, euh, dans quelques jours je pense, tu me réveilles-là …

- Désolée vieux Papy, est-ce que je pourrai aller la voir aujourd'hui à l'hôpital ?

- Je ne sais pas, elle doit être opérée, il faut attendre un peu.

- Non j'ai besoin de la voir tout de suite, c'est urgent !

- Alors demande à ton éducatrice, je ne peux pas te donner l'autorisation.

- Mais elle ne va pas vouloir, s'il te plaît, j'ai vraiment besoin de lui parler !

- Hé bien laisse-lui un message sur son téléphone.

- Je n'ai pas son numéro, donne-le-moi.

- Ah non, je ne peux pas communiquer le numéro des jeunes, si elle ne te l'a pas donné, je ne peux rien faire, désolé.

- S'il te plait Toumany !

- Non ! bon laisse-moi un message pour elle, je lui transmettrai dès que possible.

- D'accord alors dis-lui que … attends, je réfléchis, demande-lui si elle a perdu quelque chose … ou non dis-lui que Jésus prend soin des petits enfants !

- Mais … c'est quoi ce message, Lisette ?

- Elle comprendra !

- Attends, de quoi parles-tu ? demande Toumany, soudain persuadé que Lisette est au courant pour l'IVG de Bintou.

- De rien !

- Je crois que je sais de quoi tu parles, mais ça ne nous regarde pas, c'est la vie privée de Bintou.

- Tu … tu es au courant toi aussi ?

- Oui mais je te préviens, on ne doit pas s'en occuper !

- Mais si ! un bébé il faut s'en occuper !

- Non, cela ne nous regarde pas !

- Alors on l'abandonne, c'est ça ?

- On ne l'abandonne pas, on ne se mêle pas de sa vie, c'est tout.

- C'est pareil, d'accord j'ai compris, au revoir ! dit-elle en raccrochant, tremblante de colère.

De l'autre côté, Toumany se rendort avec le sentiment d'avoir bien résisté aux assauts de Lisette.

- Tu as entendu ? demande Lisette dont les

respirations soulèvent la poitrine.

- Oui.

- C'est bien le fils de Bintou … et ils veulent l'abandonner ! on n'a plus le choix !

- Quoi ? qu'est-ce que tu veux faire ?

- On doit partir avec lui, et vite !

- Partir ? mais où ? Lisette …

- Le plus loin possible, sinon ils vont nous le prendre ! tu crois qu'il pourra vivre longtemps dehors tout seul ?

- Non mais …

- Quoi ? tu vas le laisser tomber toi aussi ?

- Non mais je ne sais pas m'occuper d'un bébé !

- Moi je sais ! on se mariera et on dira que c'est notre bébé, c'est tout !

- Se marier ?

- Ben oui, on est assez grands et après tu trouveras un travail, tu as de l'argent ?

- Non mais …

- Attends, on est mercredi, on aura notre argent aujourd'hui ! ah mais l'éducatrice va venir, il faut cacher Noah ! s'écrit Lisette, en fouillant la petite chambre du regard.

- Dans la douche ? demande Malik.

- Non, il risque de pleurer si on le laisse tout seul. Laisse-moi réfléchir… le toit, non il fait trop chaud, la cuisine, non il y a toujours du monde, dehors, on risque de le perdre … tu ne connais pas quelqu'un qui pourrait le garder juste une journée ou deux ?

- Non, je ne connais pas quelqu'un…

- Tu es sûr ? réfléchis !

- Je connais une vieille dame … mais je ne sais pas si elle est là.

- Où ?

- Dehors, sur la place à côté du square.

- Elle n'habite pas dehors quand même ?

- Non mais on peut la trouver là, elle s'occupe des fleurs.

- Bon, on y va ! ... attends, je vais occuper le gardien, et toi tu sors vite avec Noah, on se retrouve là-bas.

- Non, impossible, il va nous repérer !

- Mais non ! tu as peur ou quoi ? allez prends Noah, je descends voir le gardien !

Malik regarde Lisette quitter la chambre et, sans oser regarder l'enfant, le porte vers l'escalier. Il s'arrête au premier étage, sa main posée sur la bouche de l'enfant. Lisette descend jusqu'à l'accueil et s'adresse au gardien. Elle lui raconte une histoire d'animal dans le local poubelle.

- Ça doit être une souris, ce n'est rien, répond le gardien, d'un air las.

- Oh non, c'est beaucoup plus gros, on dirait un ours !

- Un ours ? rien que ça Lisette ? demande le gardien, un petit sourire en coin.

- Venez voir vous même ! renchérit Lisette, feignant de sangloter.

- D'accord, soupire le gardien.

Ils se dirigent vers le local poubelle. Malik en profite pour sortir en vitesse avec le petit dans les bras. Passé le carrefour, il dépose l'enfant, trop lourd pour lui, et l'aide à marcher. Ils sont presque arrivés sur la place quand Lisette les rejoint.

- Alors, où est-elle ta vieille dame ?

- Attends, elle va venir.

- Tu ne connais personne en fait, tu nous as fait venir jusqu'ici pour rien ! s'impatiente Lisette.

- Mais si, je te jure, attends un peu, rétorque Malik vexé.

- On est trop près de l'hôtel, quelqu'un peut nous voir, gémit Lisette.

- Bonjour le buveur de lait, dit la très vieille dame derrière eux.

- Oh vous êtes là ! se réjouit Malik.

- Oui, je viens ici tous les jours.

- Bonjour madame, pourriez-vous nous indiquer l'hôpital le plus proche ? demande Lisette avec un regard implorant.

- Le plus près c'est par ici, toujours tout droit après le carrefour.

- Merci, vous nous sauvez la vie, vraiment !

- Ah ce point ? dit la vieille dame, avec un sourire

- Oui on a un grave problème, on doit aller à l'hôpital pour voir notre grande sœur mais on ne peut pas emmener notre petit frère Noah, vous avez l'air gentille, est-ce que vous pourriez le garder jusqu'à ce soir, s'il vous plait ?

- C'est joli Noah… mais où sont vos parents ?

- Ils sont … en prison.

- Ah, je suis désolée…

- Mais ils sont innocents !

- Alors ça devrait s'arranger.

- Oui j'espère … mais on doit vraiment aller à l'hôpital, sinon notre grande sœur va s'inquiéter, s'il vous plait, gardez Noah jusqu'à ce soir, on revient le chercher juste après ! supplie Lisette.

- Mais non… je ne peux pas le garder comme ça…

- S'il vous plait, c'est une question de vie ou de mort !

- Tu n'exagères pas un peu non ? dit la vieille dame en souriant.

- Hey, vous deux ! qu'est-ce que vous faites-là ?

crie l'éducatrice de l'autre côté de la place.

- Oh non, pas elle, gémit Lisette.

- Qui est-ce ? demande la vieille dame.

- C'est une méchante, elle veut nous voler Noah ! s'il vous plaît, gardez-le, on se retrouve ce soir ici, c'est promis ! dit Lisette en poussant Noah vers la dame.

- Mais non, qu'est-ce que c'est que cette histoire ! s'exclame la vieille dame.

- Hé ho, vous entendez quand je vous parle ? crie l'éducatrice.

- Oui on arrive, c'est la dame qui nous parlait ! Malik et Lisette courent vers l'éducatrice sans un mot, laissant en plan la vieille dame et le petit garçon. Les deux adolescents marchent sans rien dire et sans se retourner. A l'hôtel, ils se font remettre les tickets de métro et l'argent de la semaine. L'éducatrice commence par la chambre de Lisette, Malik attend son tour, l'oreille collée contre sa porte, ça va être son tour.

- Toc, toc !

- Oui, dit Malik, en ouvrant la porte.

- Oh tu as chaud toi aussi, quelle idée d'aller dehors avec cette chaleur, si vous vouliez aller voir Bintou, il fallait me demander !

- Oui désolé.

- Je suis en congé ce soir, mais j'ai donné l'adresse de l'hôpital à Lisette, vous saurez y aller ?

- Oui merci.

- C'est bien que vous fassiez connaissance tous les deux !

- Oui.

- Remarque, une qui parle beaucoup et l'autre qui ne parle pas du tout, vous faites un beau couple !

- Ah bon ?

- Non, je veux dire, vous faites la paire, vous allez bien ensemble, bref, bonne journée. Malik, on se retrouve après mes vacances.

Une fois l'éducatrice repartie, Lisette toque à la porte de Malik.

- On a réussi la première partie du plan,

maintenant il faut aller voir Bintou à l'hôpital !

Dans la rue, Lisette marche vite, l'air décidé. Malik la suit, elle sait où elle va. Ils arrivent devant la bâtisse. Ils prennent l'ascenseur puis suivent un couloir. Lisette regarde les numéros et s'arrête devant une chambre. Elle toque, personne ne répond. Elle ouvre doucement la porte et fait signe à Malik de la suivre. Bintou est dans son lit, endormie.

- Lisette, on sort, on va la réveiller … chuchote Malik.

- Il faut bien qu'on la réveille !

- Oui mais …

- Bintou, Bintou, chuchote doucement Lisette, en se penchant vers le lit.

- Mmmm Mmm, gémit Bintou.

- C'est moi, Lisette, réveille-toi.

- Mmmm quoi ? Lisette ? qu'est-ce que tu fais là, dit Bintou en ouvrant les yeux.

- Je suis avec Malik, de la chambre d'à côté, tu te souviens ?

- Malik ! mais qu'est-ce que tu as fait du petit ? où est-il ? s'alarme Bintou grimaçante de douleur.

- Ne t'inquiète pas, il va bien, c'est ton bébé ? demande Lisette.

- Mais tu ne pouvais pas fermer ta bouche toi ? gémit Bintou en regardant Malik.

- Ne t'inquiète pas, il est en sécurité, personne ne peut le trouver !

- Personne ne l'a vu ? ni l'éducatrice, ni les gardiens ? vous êtes sûrs ?

- Oui, personne, je t'assure, tout va bien, il est sauvé !

- Non, tout ne va pas bien … et où est-il exactement ?

- Chez une dame gentille qu'on connait.

- Quelle dame ? elle sait prendre soin d'un enfant au moins ?

- Oui, elle est très vieille, elle doit savoir, intervient Malik.

- Écoutez-moi, vous ne savez pas ce que je risque si quelqu'un sait que j'ai un fils ici !

- Je sais, ils vont te le prendre ! dit Lisette.

- Ah ça non, je ne les laisserai jamais me le prendre ! et puis je suis bientôt majeure, mais ils vont me renvoyer, ça c'est sûr …

- Mais pourquoi ? demande Malik.

- Parce que c'est la règle, ils accueillent des jeunes isolés, mais pas les filles avec des enfants, elles doivent aller dans un autre centre très loin, et je ne pourrai plus aller au travail ! mais je ne vais pas me laisser faire, je vais récupérer mon fils chez cette dame et je quitterai l'hôtel !

- Qu'est-ce que tu vas faire ? tu ne peux pas rester dehors avec Noah !

- Qui est Noah ? demande Bintou.

- Bah ton fils ! répond Lisette

- Non, mon fils, c'est Ibrahim !

- Pour l'instant, il s'appelle Noah.

- Je t'avais prévenu qu'il avait déjà un nom, chuchote Malik.

- Oui mais pour l'instant il s'appelle Noah ! lui répond fermement Lisette.

- Mais bien sûr qu'il a un nom ! il s'appelle Ibrahim ! Pourquoi tu l'appelles Noah demande Bintou incrédule.

- Parce que c'est un nom en attendant, on l'enlèvera après, holala.

- Non, non Lisette, je ne veux pas que tu changes son nom !

- Mais c'est pour le baptême, comme ça il ne lui arrivera rien !

- Lisette de quoi tu parles ? s'inquiète Bintou, qui se demande si elle est toujours en train de dormir.

- Quoi, tu ne vas pas à l'église toi non plus ? interroge Lisette.

- Quelle église ? je suis musulmane !

- Bon, c'est pas grave, c'est seulement pour Noah …

- Il n'y a pas de Noah, il s'appelle Ibrahim ! arrête tes bêtises, tu commences à me faire peur Lisette !

- Mais non, ça le protège je t'ai dit !

- Je le protège, moi ! Pas besoin de changer son nom !

- Si parce que je ne sais pas si ça marche avec la musulmane, ça marche avec Jésus.

- Arrête avec ton Jésus, mon fils c'est Ibrahim et c'est tout !

- Bon, appelle-le comme tu veux, moi je l'appelle Noah, répond Lisette d'un ton définitif.

- Bon, laisse tomber, elle habite où cette dame ? tu crois qu'elle pourrait le garder quelques jours ? demande Bintou en se tournant vers Malik.

- Oh oui sûrement, elle habite juste à côté du square.

- Ce serait juste le temps de trouver une solution, je pourrai lui donner un peu d'argent pour la nourriture et les couches.

- D'accord, on va la prévenir ! enchaine Lisette, déjà debout.

- Lisette, attend, laisse-moi ton numéro de téléphone ! dit Bintou, prudente.

Ils repartent en métro jusqu'à leur station, puis se dirigent vers la place. L'après-midi touche à sa fin, la chaleur toujours écrasante a vidé les rues. Ils approchent du banc, personne. Aux alentours non plus, aucune trace de la vieille dame. Lisette décide d'attendre.

- Il fait chaud, j'ai soif, va acheter du jus ou de l'eau Malik, moi j'attends là.

- D'accord, quoi comme jus ? du lait ?

- Comme tu veux, j'ai soif !

- D'accord, j'y vais, tu m'attends-là hein ?

- Mais oui, holala !

Malik court à l'épicerie, il regarde pour la première fois le rayon des jus de fruits. Il y a tellement de choix qu'il ne sait pas quoi prendre. Il s'arrête stupéfait devant une bouteille blanche qui montre un palmier avec écrit Malibu. La même image que sur un des tee-shirts de Sandro. Il agrippe la bouteille, comme pour éviter qu'elle ne lui échappe, et se dirige vers la caisse, sans la lâcher des yeux. Le vendeur le regarde d'un air surpris. Il avance dans la rue, les yeux toujours rivés à la bouteille. En arrivant près du banc, il hâte le pas, pressé de montrer sa trouvaille à Lisette.

- Regarde, c'est la meilleure marque !

- C'est quoi ?

- Du jus de palmier je crois, c'est très bon en tout cas, je connais !

- Ouvre !

- On boit à la bouteille ?

- Ben oui ! s'esclaffe Lisette.

- Allez c'est parti ! dit Malik, en portant ses lèvres au goulot.

- Alors ?

- Aaaah ! c'est trop fort !

- Fais voir…

- C'est pas bon, on dirait de l'alcool.

- Ah bon ? donne ! dit Lisette, en riant.

- Tiens, tu verras !

- Mmmm c'est bon, c'est du vin ?

- Oui sûrement.

- Toi aussi tu vas aller dans une famille d'accueil ?

- Non pourquoi ?

- Pour rien, on boit toute la bouteille, celui qui boit le plus a gagné !

- Qui a gagné quoi ?

- Le jeu, holala !

- D'accord, donne, dit Malik en reprenant une gorgée.

- A moi ! c'est bon tu vois !

- Non, ça me brûle les yeux !

- Tu bois avec les yeux, toi ?

- Et toi tu parles trop avec ta bouche, rétorque Malik.

- Et toi, tu as vu tes cheveux ? on dirait un mouton !

- Et les tiens, on dirait des … des riens du tout !

- Tu ne sais plus quoi dire ! se moque Lisette, en reprenant une gorgée.

- Donne la bouteille, j'ai une idée ! dit Malik

- Quoi ?

- Je sais quoi faire, regarde !

Malik se lève, titube jusqu'au bac à fleur en pierre et s'immobilise. Il se concentre et verse le reste de la boisson dans la terre.

- Arrête ! qu'est-ce que tu fais ? demande Lisette en approchant.

- Je donne à boire à un ami.

- Ah bon ? pourquoi ? questionne Lisette en se penchant vers les fleurs.

- C'est comme ça, c'est tout.

- Ah … il est enterré ici ?

- Non, il n'est pas vraiment là mais, c'est … disons … bon je ne sais pas expliquer mais c'est vrai, je t'assure.

- Oh…fais voir comment tu donnes.

- C'est facile, la vieille dame elle vient tous les jours pour faire ça aussi.

- Ah bon ? vas-y montre !

- Tu verses à boire et tu peux même donner des choses à manger, des choses que la personne aime bien.

- Mais tu as tout donné, j'ai plus rien moi !

- Tu le feras une autre fois, c'est pas grave …

- Mais non, je dois donner moi aussi ! va chercher

une autre bouteille ou … non, laisse j'y vais moi-même, tu ne sais pas ce qu'il faut prendre.

Lisette court vers l'épicerie, laissant Malik en plan. Il en profite pour mieux observer l'image sur la bouteille. C'est exactement la même. Il regarde par le goulot ce qu'il y a à l'intérieur.

- Malik ! Malik, tu m'entends ? crie l'éducatrice à dix mètres de lui.

- Hein ? euh oui, dit Malik décontenancé.

- Tu es en train de boire de l'alcool ? non mais je rêve !

- Mais non je …

- Mais si ! et toute la bouteille en plus, mais Malik tu es fou !

- Non, ce n'est pas à moi !

- Malik, tu sens l'alcool, alors là, j'hallucine !

- Mais non, s'il vous plait, j'ai juste goûté et le reste je l'ai donné.

- A qui ?

- A un ami …

- Quel ami ? tu es tout seul !

- Non, je ne suis pas tout seul !

- Bon, écoute, je te ramène à l'hôtel, je suis en congé dans une heure, j'avais juste oublié de vous faire signer la feuille d'inscription pour la journée à la mer.

En quittant la place, Malik voit Lisette qui le regarde cachée derrière une voiture, hilare.

Il suit l'éducatrice sans un mot. Elle parle avec le gardien de jour, il reste en arrière et n'entend pas leur conversation. Elle lui fait signe de monter et le suit dans l'escalier. Arrivé dans la chambre, elle inspecte la chambre, cherchant un indice du regard.

- Je peux regarder dans le frigo ? dit-elle.

- Oui, répond Malik.

- Ok, du lait et … pas grand-chose, depuis quand bois-tu de l'alcool ?

- C'était la première fois, pour goûter.

- Tu arrêtes tout de suite, ok ? et tu restes dans ta chambre ce soir ! je suis en vacances maintenant mais un autre éducateur prendra le relais et je lui demanderai d'être vigilant, je te préviens ! Tiens, c'est Lisette que j'entends rentrer ? je vais la faire signer aussi et je file, je te fais confiance Malik, pas de bêtises, et plus d'alcool !

L'éducatrice reprend le couloir et toque à la porte des filles.

- Alors miss, où étais-tu ?

- J'étais à l'épicerie, j'ai pris des fruits et de l'eau, comme tu m'as dit, répond Lisette en aspirant le jus d'une pêche.

- C'est bien … tu restes dans ta chambre maintenant, d'accord ?

- Oui, oui, bien sûr.

- Et l'hôpital, tu as trouvé ? vous avez vu Bintou finalement ?

- Oui, oui merci.

- Elle devrait sortir demain, ne t'inquiète pas, je te rappelle que je suis en vacances ce soir, ah et signe la feuille pour la journée à la mer vendredi.

- Ah oui super !

- Tu me raconteras à mon retour, allez bonne soirée ma puce.

- Merci, bisous.

Malik entend l'éducatrice repartir, il attend Lisette.

Il entend ses pas approcher sur le palier, il ouvre sa porte.

- Alors, qu'est-ce qu'on fait maintenant ? demande-t-il.

- On attend que tout le monde soit parti et on retourne au square, je vais dans ma chambre en attendant.

- D'accord, répond Malik en regardant le petit dos de Lisette s'éloigner.

Assis sur son lit, Malik allonge ses jambes et regarde ses pieds en évitant de regarder l'écran. Il observe ses genoux, touche ses cuisses, puis son ventre et ses bras. Il ressent une sensation étrange dans tous ses membres. Comme si quelque chose bougeait à l'intérieur. On dirait que mon corps est plus grand. C'est peut-être parce que je vais être baptisé. Il se glisse sous le drap et se positionne face au mur, dos à l'écran. Il sent son corps chauffer et les murs danser mais pas question de se retourner, il n'a pas envie de faire la conversation avec l'autre. Il met la tête sous l'oreiller et cherche une image rassurante. Le visage de Lisette apparaît. Malik sourit en s'endormant.

Il se retrouve plongé dans une forêt sombre. Quelqu'un le porte sur son dos et avance rapidement, Malik s'agrippe pour ne pas tomber. La forêt est de plus en plus dense, les branches le fouettent. Soudain, la course s'arrête net devant un précipice sans fond. Malik se réveille en sursaut et se précipite vers le lavabo pour vomir.

4.

Assise sur le banc, Magda regarde les deux enfants s'éloigner. Incrédule, ses yeux se posent sur le petit garçon, accroché au banc. Ses cartes lui avaient bien parlé de l'arrivée d'un enfant mais elle avait attribué ce tirage à sa jeune voisine, qui cherche à tomber enceinte. Elle n'avait pas imaginé se retrouver avec ce bébé sur les bras. Je peux te garder quelques heures en attendant qu'ils reviennent mais pas plus, lui dit-elle en l'aidant à se mettre debout. Et filons d'ici, nous reviendrons ce soir. Arrivée à son appartement, Magda prépare un bol de lait chaud, avec des biscuits secs qu'elle fait tremper, puis observe l'enfant manger goulûment. Il n'a pas l'air maltraité ce petit, il n'est pas effrayé, il ne pleure pas. Qui était cette femme dans la rue ? Pourquoi les gamins avaient-ils si peur d'elle ? Si les parents sont vraiment en prison, les gosses ont pu tomber aux mains d'une bande de trafiquants. Des jeunes de cet âge, seuls avec un bébé dehors… On va attendre ton frère et ta sœur, mon petit, en espérant qu'ils reviennent, dire que je ne connais même pas leurs noms !

Elle aménage un coin de son salon et installe l'enfant sur des couvertures, à côté du ventilateur. Elle se sert un verre de vodka et s'assoit. Elle choisit l'un des jeux de tarots de Marseille posés sur sa table. Elle mélange les cartes en regardant le petit endormi. Alors, qui es-tu ? Que puis-je faire pour toi ? Elle étale le jeu devant elle et tire une première carte, la retourne, c'est la roue de fortune. Des évènements inattendus, le destin est à l'œuvre, d'accord. Elle choisit une deuxième carte. Ah l'étoile, de l'espoir, beaucoup d'espoir avec cette carte, mon petit ! Magda prend une troisième carte. Le soleil, magnifique ! la protection est puissante, inutile de continuer le tirage, tout ira bien pour toi.

Rassurée, elle ramasse le jeu mais une carte tombe de ses mains et se retourne lourdement sur la table. Magda se fige, c'est la Maison-Dieu. Cette haute tour d'où chutent des corps sous la foudre, annonciatrice de rupture brutales où toute notre vie passée est remise en question. Grand Dieu, dans quoi me suis-je encore embarquée ? Son corps frissonne malgré les 39°C de cette fin de journée. Elle pose le jeu loin sur la table et se verse un nouveau verre de Vodka. Je ne vais quand même pas t'amener aux flics. Mais je ne peux pas te garder, j'ai passé l'âge de pouponner ! Il doit pourtant exister des endroits spécialisés pour ces gosses perdus, il faut que je me renseigne, je ne peux pas recueillir tout ce petit monde.

Depuis son lit d'hôpital, Bintou compose encore une fois le numéro d'Aminata. Elle n'a pas réussi à la joindre depuis la veille, ni à la prévenir qu'Ibrahim était à l'abri provisoirement. Encore le répondeur, elle ne laisse pas de message, on ne sait jamais. Puis, elle tente d'appeler Lisette, son téléphone aussi est sur messagerie. Elle se sent impuissante, toute sa vie est entre les mains de ces deux gamins complètement fous et d'une vieille dame qu'elle ne connaît même pas. Elle attend que l'infirmière soit passée récupérer le plateau du soir pour se laisser aller à pleurer. Pour se donner du courage, elle pense à sa mère mais l'inquiétude de la savoir seule à la merci des anciens lui tort le ventre. Le silence d'Aminata la perturbe également. Où est-elle ? Peut-être juste un problème pour recharger son téléphone ? Oui, c'est sûrement cela.

Au commissariat, Raoul commence la soirée de garde. Il lit le PV de ses collègues et son attention s'arrête sur l'un d'eux. Il s'agit d'un transfert vers le service des mineurs.

- Vous l'avez prise où ?

- Près de l'arrêt de bus Solidarité, elle a détalé en nous voyant, pas de papiers, elle explique qu'elle est arrivée hier d'Italie avec un bébé.

- Il est où ce bébé ?

- Elle l'aurait confié à quelqu'un mais elle ne connait pas son nom, bref c'est embrouillé son histoire.

- Une vraie mineure ?

- Possible, mais elle dit qu'elle a oublié son acte de naissance chez sa tante, on a pu la contacter mais elle n'a jamais entendu parler de la fille ni du bébé donc bon…

- Ok, souffle Raoul en signant le transfert.

Lisette toque à la porte de Malik, il ouvre, elle entre en trombe.

- Tu dormais déjà ? allez, vite, on y va !

- Maintenant ? il n'est pas trop tard ?

- Mais non, allez, Toumany est dans la cuisine avec les autres, dépêche-toi !

- Oui, j'arrive, répond Malik encore vaseux.

L'air de la rue le fait revenir à lui, mais il peine à suivre Lisette. Ils arrivent au square, la place est déserte, aucune trace de la vieille dame. Ils décident d'attendre sur le banc. Lisette demeure pensive. Malik n'ose pas interrompre ce silence. Puis, Lisette se lève, se dirige vers les fleurs et s'accroupit. Malik l'entend chantonner. Il ferme les yeux et se laisse bercer.

Magda tourne en rond chez elle. Elle a passé deux heures sur le banc avec Noah en ce début de soirée mais personne n'est venu chercher le petit garçon. Ils vont me laisser ce bébé sur les bras, c'est évident. Quelle idiote je fais… Si je l'amène aux flics, je vais y passer la nuit, c'est sûr, et Dieu seul sait s'ils ne vont pas m'accuser d'avoir volé ce gosse ! Je ne peux tout de même pas le laisser dans la rue… Après un dernier verre de vodka, Magda se décide à retourner encore une fois sur la place. Elle longe lentement le square en tenant Noah par la main. Passé la clôture, elle aperçoit enfin Lisette et Malik, assis sur le banc.

- Vous voilà ! s'exclame-t-elle.

- Ah madame, heureusement que vous êtes là ! coucou Noah ! s'écrie Lisette en courant vers Magda et le petit garçon.

- J'ai bien cru que vous n'alliez jamais venir, voilà votre petit frère !

- Oui merci beaucoup mais en fait on ne peut pas le récupérer ce soir, notre grande sœur n'est pas encore là, il faut que Noah reste chez vous jusqu'à demain…

- Ah non, pas question ! l'interrompt Magda.

- Mais seulement jusqu'à demain ! si vous ne le gardez pas, il risque de mourir !

- Qu'est-ce que tu me racontes-là ma petite, tu me prends pour une idiote ?

- Mais non, c'est vrai ! ils vont lui faire du mal s'ils le trouvent ce soir, il faut le cacher, s'il vous plait ! supplie Lisette.

- Mais qui va lui faire du mal ?

- Des méchants ! des… ceux qui ont pris nos parents !

- Mais qui ? demande Magda en regardant autour

d'elle la place déserte.

- La dame de tout à l'heure ! s'il vous plait, aidez-nous ! implore Lisette.

Magda s'entend dire « Bon, ne trainons pas ici, allons chez moi ». Les enfants la suivent sans un mot. Dans l'appartement, Lisette regarde la décoration de Magda avec attention. Son regard se pose sur les gros poufs autour de la table basse. Elle se laisse tomber dans l'un d'eux. Malik l'imite quelques secondes plus tard. Magda apporte des gâteaux, des fruits et du lait. Puis, elle prend le ventilateur et le pose sur la table basse. Malik regarde l'objet, essayant de cacher son appréhension. Il voudrait déplacer un peu son pouf pour ne pas être dans l'œil du cyclone, mais il ne veut pas se faire remarquer.

- Allez, expliquez-moi maintenant ! demande Magda, d'un ton sec.
- Madame, on a vraiment besoin de votre aide, supplie Lisette, assise sur l'énorme pouf qui ne laisse échapper que sa tête et ses jambes.

- Explique-moi où sont vos parents, et dis-moi la vérité cette fois, c'est vrai cette histoire de prison ?

- Oui, ils … ils sont en danger … et Noah aussi !

- En danger de quoi ? il faut que j'en sache un peu plus !

- On ne peut pas le dire … mais ils vont bientôt revenir nous chercher !

- Où sont-ils ?

- Je … je ne sais pas…

- Mais ici, en France ?

- … je ne sais pas …

- Mais … et vous deux ? Vous ne dormez pas dehors quand même ?

- Non, on est à l'hôtel en attendant, on doit attendre que nos parents viennent nous chercher… mais on ne peut pas y aller avec Noah, ils veulent qu'on l'abandonne !

- C'est que … je ne sais pas … je peux avoir des problèmes moi aussi, c'est interdit de garder un enfant qu'on ne connait pas !

- C'est juste pour une nuit, s'il vous plait ! supplie encore Lisette.

- Tu m'as déjà dit ça hier ! et qui me garantit que vous ne me racontez pas des salades ?

- C'est la vérité, je vous promets !

- Bon d'accord mais je vous préviens, si vous n'êtes pas là demain soir, j'appelle la police !

- Oui seulement jusqu'à demain promis, merci madame ! dit Lisette en se relevant.

- Merci madame, renchérit Malik en s'extirpant maladroitement du pouf.

- Quelle heure est-il ? il faut rentrer à l'hôtel ! s'inquiète soudain Lisette, en se dirigeant vers la porte.

- Hé, on se retrouve au square demain soir ! tonne Magda en levant les bras au ciel.

Lisette et Malik dévalent l'escalier et courent vers l'hôtel, il est déjà tard.

- Ah, vous voilà ! où étiez-vous tous les deux ? gronde Toumany, posté devant l'entrée.

- On était au square, il faisait trop chaud dans les chambres, lui répond Lisette en avançant vers l'escalier.

- Attendez une minute, vous avez vu l'heure ? vous avez dépassé la limite, je vais le signaler à votre éducatrice !

- Elle est en vacances, répond Lisette narquoise.

- Petite insolente ! et toi Malik, tu ne pouvais lui dire de rentrer plus tôt, non ?

- Je … je ne sais pas, murmure Malik, à peine audible.

- Allez dans vos chambres et chacun dans la sienne, dépêchez-vous !

Lisette monte sans attendre Malik, qui la suit silencieusement. Elle se retourne avant de refermer sa porte et lui fait un clin d'œil. Malik enlève ses chaussures et s'allonge sur son lit tout habillé. Les évènements de la journée se bousculent dans son esprit. Les images s'entrechoquent comme des auto-tamponneuses. Son corps est parcouru de soubresauts, Malik se tourne et se retourne mais rien ne l'apaise. Il met ses mains devant les yeux pour ne plus rien voir. Il sent son lit se refermer sur lui et l'absorber, il essaye de se dégager en vain, le matelas est en train de l'avaler. Devant lui se tiennent Lisette et Magda qui le regardent en riant, Toumany et la juge sont là aussi, tout le monde se moque de lui. Il continue de s'enfoncer mais personne ne réagit. Il suffoque. Des bras l'attrapent et le serrent, il est soulevé de terre. Tout devient noir.

Le voilà de nouveau dans cette forêt sombre, il est accroché au dos d'une personne qui court. Il ne voit pas son visage mais il sent son odeur, familière, âcre, une odeur de peur. Malik se réveille brutalement, en sueur. Qui est là ?

- Tu es tout seul, lui répond l'écran, d'un ton doux.

- Non, je ne suis pas tout seul ! crie Malik en se bouchant les oreilles.

Il se relève tout tremblant et cherche du regard un endroit à l'abri de l'écran. Il se réfugie vers la porte d'entrée mais se sent encore dans la ligne de mire. Il envisage un instant de sortir sur le palier puis renonce et se précipite vers la fenêtre. L'air enfin frais de la nuit le soulage quelques secondes, mais les yeux de l'écran dans son dos le transpercent de nouveau. Il enjambe la fenêtre et s'agrippe à la rambarde. Il respire à fond, penchant la tête en arrière vers le vide. Le voilà enfin hors de portée. Revigoré, il tire sur ses bras et remonte dans sa chambre. Sûr de sa force retrouvée, il passe fièrement devant l'écran et retourne se coucher.

Il est bientôt six heures, il fait presque jour et déjà la chaleur menace. Toumany démarre sa dernière ronde. Il n'entend rien chez Malik, mais Lisette à l'air réveillée, il l'entend chanter.

- Toc, toc !

- Oui ? demande Lisette derrière la porte.

- C'est moi, je peux te voir ?

- Non ! va-t'en !

- Et pourquoi ? tu es fâchée la miss ?

- Oui ! tu es comme les autres ! tu peux partir !

- Lisette, ouvre la porte s'il te plait.

- Non !

- Ouvre, on va discuter, pourquoi tu dis que je suis comme les autres, ça veut dire quoi exactement ?

- Ça veut dire que tu es méchant ! répond Lisette ouvrant finalement la porte avec rage.

- Pourquoi, c'est à cause de l'histoire de Bintou ?

- Oui et tu le sais très bien ! crie Lisette, tremblante de colère.

- D'accord, je … tu … non rien, je… on en parle plus tard, bredouille Toumany en tournant les talons.

Il descend les escaliers, encore sidéré de ce qu'il vient de voir dans la main de Lisette. Un smartphone dernier cri, un de ceux à plus de mille euros. Comment cette gamine peut-elle posséder un tel objet ? Non, elle n'a pas pu le voler. L'avait-elle sur elle en arrivant ?

Aucun jeune de l'hôtel n'a jamais eu un téléphone comme celui-ci. Ils arrivent après un long voyage, leurs maigres affaires sont perdues ou volées sur le chemin. Lisette a voyagé en avion, c'est vrai, mais ce n'est pas forcément bon signe, surtout pour une jeune comme elle. Souvent victimes de réseaux, les filles mineures sont envoyées à l'étranger en avion, discrètement encadrées par les passeurs, et n'ont alors pas de téléphone sur elles. Toumany ralentit son pas dans l'escalier, tenté de remonter lui poser des questions, puis abandonne l'idée. Il va y réfléchir d'abord. Il descend vers l'accueil et passe le relais à son collègue, le gardien de jour, sans évoquer le téléphone de Lisette.

Malik émerge lentement d'une nuit cotonneuse. Il colle son oreille sur sa porte, le couloir à l'air calme. Il ouvre et se dirige vers la douche. Au bout du couloir, la porte de Lisette est fermée. En sortant de la salle de bain, il fait volontairement tomber ses affaires de toilettes, espérant que le bruit la fera sortir, en vain. Il rentre dans sa chambre et s'assoit sur le lit. Il reste là, assis, les mains sur les genoux. Puis, il se décide à faire un peu de ménage. Il enchaine sur une lessive en brossant consciencieusement ses vêtements avec du produit vaisselle. Sa tâche terminée, il entame le nettoyage du palier. Il jette un coup d'œil à gauche, vers la porte de Lisette, toujours close. Il avance, fait mine de toquer, puis recule et retourne à son balayage. Ce n'est pas très sale mais, heureusement, il reste la douche à faire. Elle finira bien par sortir. Quand Lisette se décide enfin à ouvrir sa porte, Malik retient son souffle. Elle passe une tête.

- Il est parti ?

- Oui, répond Malik sans savoir de qui il s'agit.

- Tant mieux ! allez, j'y vais !

- Où ?

- A l'épicerie, je vais acheter des cadeaux pour Noah.

- Je viens avec toi ?

- Oui mais dépêche-toi.

Ils dévalent l'escalier et passent en courant devant le gardien de jour. Dans la rue, Malik peine à suivre Lisette. La chaleur est étouffante mais cela ne semble pas la gêner. Guillerette, elle énumère les friandises qu'elle va acheter pour Noah. Malik imagine qu'il y en aura sans doute aussi pour lui. En entrant dans la boutique, l'épicier les regarde d'un drôle d'air. Malik baisse la tête et suit Lisette dans les rayons. Elle choisit plusieurs paquets multicolores, du soda et des ballons. Malik la suit toujours, les mains dans les poches, il n'a pas eu le temps de prendre son argent de la semaine. Ils sortent et se dirige vers le square. La place est déserte. Lisette s'assoit sur le banc et ouvre la bouteille de soda.

- Comment tu fais pour le donner à quelqu'un, déjà ?

- Il faut la verser là-bas à côté des fleurs, mais pas dessus, c'est mauvais je crois.

- D'accord, ici ? demande Lisette, déjà debout.

- Oui, dit Malik, en la regardant s'éloigner.

- Et qu'est-ce que ça leur fait exactement ?

- Ça … ça leur fait du bien, ils reçoivent tout ce qu'on leur donne, tu vois ?

Lisette s'agenouille près des fleurs et verse un peu de soda sur la terre en murmurant quelque chose que Malik ne comprend pas. Il se demande à qui elle donne à boire, mais n'ose pas l'interrompre. Puis, elle se met à chantonner et Malik ferme les yeux. Il n'y a aucun bruit dans le square écrasé par la chaleur, seule la petite voix aiguë de Lisette résonne en lui. Il se sent si bien tout à coup qu'il en sourit.

- Tu dors ? hé réveille-toi ! dit Lisette en lui touchant l'épaule.

- Hein ? non je …

- Viens, on rentre à l'hôtel, j'ai trop chaud.

Quand ils arrivent à l'accueil, le gardien de jour distribue des bouteilles d'eau, il les prévient que chacun doit rester à l'intérieur, la canicule est au plus haut, la pluie n'arrivera que ce soir ou demain.

Lisette monte lentement vers le troisième étage, les épaules basses. Malik la suit en silence. Elle semble triste. Ou peut-être qu'elle a vraiment chaud. Il ne sait pas.

- Je vais dans ma chambre, on ira là-bas plus tard.
- D'accord, répond Malik, essayant de sourire.

Bintou attend le médecin. Elle n'a pas fermé l'œil de la nuit. Elle s'est refait mille fois le scénario. Retrouver Lisette et Malik, aller chez la dame qui garde Ibrahim, la convaincre de le garder contre de l'argent. Et si ça ne marche pas, elle partira avec son fils. Mais où aller ? Elle a passé en revue toutes les personnes qu'elle connait. Qui pourrait l'aider ? L'infirmière entre dans sa chambre. Bintou retient son souffle.

- Bonjour Bintou, écoute, je viens de voir le médecin, il va faire 43°C aujourd'hui, toutes les sorties sont annulées, c'est trop risqué, je suis désolée.
- Je ne sors pas aujourd'hui ? implore Bintou, en

se décomposant.

- Non, demain matin…

- Ah non, je dois sortir, s'il vous plaît !

- Je suis désolée mais je t'assure, tu es bien mieux ici, tu as la clim !

- Non ce n'est pas possible …

Bintou cache son visage dans ses mains et se met à sangloter. Elle n'écoute plus l'infirmière qui essaye de la rassurer. La colère l'envahit, pourquoi le sort s'acharne-t-il encore contre elle ? Et pourquoi personne ne la comprend ? Elle se réfugie sous les draps, ferme les yeux et serre les poings très fort. L'infirmière la laisse enfin seule en lui promettant qu'elle pourra sortir le lendemain. Bintou fulmine, ils ne peuvent pas l'empêcher de rejoindre Ibrahim aujourd'hui, elle doit partir d'ici. Elle commence à imaginer un scénario de fuite. Cette idée l'apaise un instant, mais elle sait qu'au fond, ce n'est pas une bonne idée.

Elle tente de se raisonner, elle ne peut pas se sauver comme ça, ils la ramèneront à l'hôpital si elle retourne à l'hôtel… Et puis elle risque d'attirer l'attention ou d'être convoquée par le directeur et peut-être même de perdre sa place à l'association. Il lui reste à peine un an pour obtenir son CAP. Non, pas question d'abandonner maintenant. Elle pleure sous les draps, résignée. Pourquoi rien n'est jamais facile pour elle ? Enfant déjà des gamins du quartier lui jetaient des pierres, aux cris de « sale bâtarde ! ». Sa mère a connu le même rejet, mais ne s'est jamais laissé faire. Portant fièrement son panier de beignets pour le marché, elle tenait tête à tous ceux qui la provoquaient. Aujourd'hui, Bintou est loin et rien ne peut la détourner de sa mission. Elle doit obtenir ce diplôme et ce titre de séjour qui lui permettront de travailler et mettre de l'argent de côté pour ouvrir une boutique au pays pour sa mère, loin du village, à l'abri des cousins paternels. Depuis le départ d'Aminata vers l'Europe, Bintou n'a plus de nouvelles de sa mère. Le téléphone portable qu'elle lui avait donné ne fonctionne plus depuis longtemps. Une seule famille de confiance possède une ligne de téléphone, dans village voisin. Pour Kady, c'est à trente minutes de marche mais c'est le seul moyen de parler à sa fille. Bintou doit d'abord appeler la famille qui envoie alors un gamin prévenir Kady, celle-ci doit ensuite se hâter pour être là quand Bintou rappellera. Parfois la ligne ne fonctionne plus et il faut repartir sans nouvelles.

Ce matin-là au village, Kady prépare son panier avec les quelques oignons et des arachides à vendre sur le bord de la route. Un groupe d'hommes est posté de l'autre côté de la route, sous le vieux manguier. Ils semblent regarder dans sa direction. Elle les observe de loin mais le soleil rasant du matin face à elle l'empêche de les reconnaitre. Personne ne s'arrête ici habituellement. Elle continue son travail, faisant mine de ne pas leur prêter attention. Le groupe parlemente puis l'un des hommes prend la parole. Elle reconnaît immédiatement la voix du cousin, venu plusieurs fois la menacer.

- Kady ! nous sommes là pour l'enfant, donne-le maintenant !

- Il n'est pas là ! crie Kady en faisant glisser son panier à terre.

- Il est là, donne-le ou nous viendrons le chercher !

- Il est en brousse, je te l'ai déjà dit !

- Amène-nous là-bas alors !

- Non, j'ai à faire ! tu vas devoir y aller tout seul !

Le groupe parlemente. Puis, un autre un homme s'avance et prend la parole.

- Kady, il faut donner l'enfant…

Cette voix. C'est Lassana, le père de Bintou. Kady plisse les yeux pour être sûre. Oui, c'est bien lui qui ose se tenir devant elle après tout ce temps. Elle ne l'avait pas revu depuis l'annonce de sa grossesse, il y a dix-huit ans. Peu après, il avait quitté le village pour se marier avec l'épouse choisie par son père, à une journée de route d'ici.

- Il n'est pas ici, tu es venu pour rien Lassana !

- Écoute, on ne va pas lui faire de mal, il sera

donné à une famille au loin, c'est mieux comme ça et tu le sais très bien.

-       Il est déjà loin ! Tu n'auras jamais cet enfant ! Il n'a rien à voir avec toi, tu nous as abandonnées, alors va-t'en !

Le groupe d'hommes commence à s'impatienter. Kady ramasse ses oignons et regagne sa maison sans se retourner. Elle ferme la porte en tôle avec la cordelette et va se poster près de la fenêtre. Elle peut les voir sans être vue. Son cœur bat si fort qu'elle est finalement obligée de s'assoir. Elle s'essuie le front du revers de la main.

Cette matinée la replonge quinze ans en arrière, quand les villageois sont venus chercher Bintou, alors âgée de deux ans. Elle n'a rien pu faire. Quand la matrone l'a raccompagnée le lendemain, la petite saignait encore. Elle a eu de la fièvre pendant trois jours, on ne pouvait pas la baigner, ni l'asseoir. Kady a prié nuit et jour pour qu'elle reste en vie.

Quand Bintou a repris des forces, Kady a remercié

le ciel en se disant que, si jeune, la petite ne s'en souviendrait sans doute pas plus tard. Contrairement à elle qui y avait eu droit à ses huit ans. Elle aurait voulu éviter cela à sa fille mais c'était impossible. Les femmes comme Kady n'avaient pas leur mot à dire.

Les hommes sont toujours là, face à la maison, ils se sont assis sur des nattes et parlementent. Kady les observe, son regard se fixe sur Lassana. Il est toujours aussi beau, se dit-elle. Et malgré les circonstances, elle est émue de le revoir. Celui qu'elle a connu jadis était doux et gentil, il n'aurait jamais fait de mal à un enfant. Les autres ont dû lui monter la tête. Mais elle ne peut plus lui faire confiance, il n'a pas osé s'opposer à sa famille à l'époque, il ne le fera pas aujourd'hui. Quoiqu'il en soit, elle n'a plus besoin de lui, Ibrahim est en route pour la France, peut-être même déjà arrivé. Elle aura bientôt des nouvelles. Elle regarde ses oignons posés sur la table, elle doit les vendre aujourd'hui, sinon elle ne mangera pas. Elle jette un coup d'œil dehors, le groupe a disparu. Kady s'immobilise, tous les sens en éveil. Où sont-ils ? Ont-ils fait le tour de la maison ? Cherchent-ils à entrer ? Ils sont capables de tout. Après quelques instants de silence angoissé, Kady s'apaise, ils sont vraiment partis. Elle a gagné pour aujourd'hui.

Malik a laissé sa fenêtre ouverte depuis le matin. La chaleur est étouffante dans sa petite chambre sous le toit de tôle. Il enlève son tee-shirt et s'asperge d'eau froide sur tout le torse. Il se place devant le ventilateur et appuie sur ON. La brise caresse son visage, son cou, ses épaules. Il ferme les yeux. La fraicheur bienfaisante le plonge dans une sensation de bien-être. Il soupire longuement, puis inspire et reste un moment sans bouger. Il se sent si léger qu'il ouvre les yeux, pensant être en train de s'endormir. Il regarde osciller les pales du ventilateur. Cet objet est plus important qu'il ne le croyait. Tu es gentil, en fait. Je pensais que tu étais comme l'autre, toujours à me dire ce que dois faire.

Mais toi tu m'écoutes, je peux te parler. Et tu peux me parler aussi si tu veux, mais gentiment ! Vas-y, je t'écoute, allez, parle-moi. Pourquoi tu ne dis rien ? Malik croise les bras en faisant la moue. Il est bien décidé à attendre, mais rien ne vient. Il reste plusieurs minutes à regarder les pales tourner. Par habitude, il s'empêche de fermer les paupières, jusqu'à ce que ses yeux le piquent. Tu vas parler ! A peine a-t-il prononcé ces mots qu'il est pris dans un tourbillon. Son corps lui semble de plus en plus léger, il a l'impression de s'envoler. Le voilà dans les airs, au-dessus de la dune, celle où il se cachait la nuit avec Boubou. Il voudrait descendre mais il ne contrôle plus ses mouvements. Le courant le dirige vers l'intérieur des terres, il plane au-dessus des champs, d'une route, il aperçoit les camions bâchés en bas. Il survole une forêt, une clairière, des bâtiments. Je connais cet endroit. C'est l'école ! Non, non je ne veux pas y retourner ! Il se débat de toutes ses forces et remonte aussitôt dans les airs. Il vole de plus en plus vite, il parcourt maintenant une forêt qui n'en finit pas. Il replonge malgré lui vers le sol, il est maintenant au niveau de la cime des arbres. Il voit en bas un homme qui court, tenant un enfant balloté sur son dos. Attention, je vais tomber ! Malik voudrait crier mais aucun son ne sort de sa bouche. Soudain, il revient à lui. Il est toujours assis sur sa chaise, devant le ventilateur. Il se touche la gorge, puis les bras. Ah, c'était un rêve, j'ai eu peur, j'ai cru que j'allais tomber pour de vrai. Il se relève et s'éloigne du ventilateur, il ouvre la fenêtre qu'il referme aussitôt. L'air est brûlant. Il sort de sa chambre et s'assoit sur les premières marches de l'escalier, la tête dans les mains. Monte une envie de pleurer qui le fait grimacer. Il ferme très fort les yeux pour retenir ses larmes. Non, non vous n'allez pas me faire pleurer, c'est vous qui allez pleurer un jour, vous verrez, vous me supplierez. Mais je ne me souviendrai pas de vous, j'aurai tout oublié. Je sais que ça va arriver parce que j'ai mon pouvoir avec moi. Personne ne peut le voir pour l'instant mais un jour, vous le verrez. Le jour où je l'aurai décidé. C'est pas maintenant, c'est moi qui dirai la date et vous ne pourrez rien faire. C'est mon pouvoir. Je le sors quand je veux. Là je fais semblant pour qu'on me laisse tranquille. Alors laissez-moi tranquille !

Malik se relève et fait quelques pas sur le palier. Il ne veut pas rentrer dans sa chambre ni se risquer dans les escaliers. Il n'y a que la douche. Il entre. Une fois dans la salle de bain, il se dandine en évitant le miroir. Il entre dans la cabine de douche tout habillé et fait couler l'eau. Ses vêtements trempés lui collent à la peau. Malik sourit, content de lui. Il s'amuse avec ses claquettes qui font ploc-ploc. Il voudrait que Lisette le voie, elle rigolerait sûrement. Il n'aurait jamais pu faire ça avec … Soudain Malik éteint l'eau. Il vient de penser à Sandro. Il penche son torse en arrière et reste immobile, essayant de laisser partir cette idée. Mais elle est là, il la sent tourner autour de lui, comme si elle cherchait à rentrer de force dans sa tête. Surtout ne pas bouger, elle ne me verra pas et s'en ira d'elle-même. Mais l'idée refuse de partir. Peut-être est-elle bloquée ? Il faut que je sorte de là, discrètement. Avec des gestes lents, il ouvre la porte de la douche et se glisse au dehors. Il se précipite dans le couloir et referme la porte promptement derrière lui. Ouf, l'idée est restée coincée dans la salle de bain.

Malik repart dégoulinant vers sa chambre. Il s'arrête devant sa porte, hésitant. Il y a les deux autres là-dedans. Tant pis, pas le choix. Il bombe le torse et prend un air fâché. Il ouvre d'un coup sec et va s'asseoir sur son lit, sans regarder l'écran ni le ventilateur. Il ferme son esprit, croise les bras et regarde le sol. C'est moi qui décide. Vous ne devez pas me parler, ni me faire voir des choses, c'est interdit, compris ? « Oui, chef ! » répondent les objets en chœur.

Malik leur adresse un regard sévère. Voilà, plus de bêtise maintenant, tenez-vous tranquilles sinon je vous corrige ! Vous resterez toute la journée debout dans la cour de l'école, attachés au soleil, sans boire ni manger, c'est clair ? Il y aura des insectes sur vous et le surveillant pour vous taper. A la fin de la punition vous savez que vous ne le referez pas. Ou alors la punition sera pire. Une fois, ils m'ont laissé tellement longtemps que j'ai vomi sur moi. Ils ont dit que j'étais trop sale pour qu'ils me touchent, ils ont ordonné à un petit de me détacher. C'était un nouveau, il n'osait même pas me regarder. Il n'est pas resté longtemps à l'école, je crois que son père est venu le chercher, mais d'autres ont assuré qu'il était mort, je ne sais pas si c'est vrai mais c'est possible, c'était dur pour les nouveaux.

Malik se lève pour couper court à ses souvenirs. Son regard fait le tour de la pièce. Il n'y a pas d'échappatoire. Il expire longuement. Je sors, je vais attendre Lisette au square. Et vous deux, restez là ! Il claque la porte sans attendre leur réponse. Il dévale les escaliers et passe devant le gardien de jour.

- Hé, tu ne dois pas sortir, il fait trop chaud !

- Je vais juste à l'épicerie…

- Non, tu iras plus tard … mais pourquoi tu es trempé ?

- C'est … parce que j'ai fait une lessive.

- Il faut faire sécher tes vêtements avant de sortir ! tu as quoi dans la tête franchement ?

- J'ai … je…

- Allez, rentre dans ta chambre et attends le soir pour sortir.

Malik se prépare à obéir quand des éclats de voix montent des étages. Le gardien tend l'oreille et fait signe à Malik d'attendre.

- Hé, qu'est-ce qui se passe ?

- C'est le nouveau, il fait n'importe quoi ! répond une voix en haut.

- J'ai même pas de place pour mettre mes affaires ! crie le nouveau.

- Écoute, on verra ça plus tard ! et les autres, laissez-lui de la place ! lance le gardien.

- Moi je reste pas ici ! crie le nouveau, tapant sur

quelque chose de métallique.

\- Attends, j'arrive ! dit le gardien, laissant Malik planté là.

En haut, l'affaire à l'air de s'envenimer, Malik se dandine devant le comptoir de l'accueil. Il se mange les joues. A sa place, Lisette serait déjà dehors c'est sûr. Un coup d'œil à droite, à gauche et le voilà qui se faufile vers la sortie. Un vent brûlant lui fouette le visage mais ses vêtements mouillés le rafraichissent un peu. Il avance dans les rues vides et se dirige vers la place. Le banc est là, à l'attendre. Il s'assoit, sauvé. Il va attendre ici. Lisette viendra bien tôt ou tard. Au bout d'une demi-heure, la chaleur se fait trop cuisante, il se réfugie à l'ombre, dans le square. Son regard se pose sur les fleurs, celles de Boubou. Salut mon frère, quoi de neuf ? Moi ça va. Là, je n'ai rien mais je vais revenir t'apporter des gâteaux tout à l'heure, promis. Je viendrai avec Lisette, une copine. T'inquiète, je la connais, elle est gentille.

Dans l'appartement, Ibrahim s'est endormi sur les draps posés à terre. Magda lui passe une serviette mouillée sur le dos. Le ventilateur brasse de l'air chaud malgré les fenêtres fermées depuis le matin. Elle s'assoit dans son fauteuil et agite son éventail à dentelle noire. Elle a du temps avant le rendez-vous de ce soir. En espérant qu'il fera plus frais. Moi j'en ai vu d'autres mais pour le petit, c'est trop, seigneur. A la radio, ils ont parlé de quarante-trois degrés, tu te rends compte ! C'est inhumain ce que tu nous demandes-là ! Il fait même trop chaud pour boire un verre, on n'a pas idée de faire des choses comme pareilles ! Elle bougonne jusqu'à s'assoupir à son tour. Le sommeil l'emporte par à-coups, avec cette impression désagréable de tomber dans un trou.

L'air est de plus en plus lourd. Le gardien de jour s'essuie le front et la nuque, épuisé. Bientôt l'heure de la relève. Il n'a pas remarqué le départ de Malik. Dans son carnet, il ne consigne pas non plus l'esclandre d'Ashraf, le nouveau. Il s'est calmé, les autres ont fait de la place. C'est réglé. Il préviendra seulement Toumany, au cas où. Lisette descend l'escalier et salue le gardien. Il ne l'a pas entendue venir et sursaute.

- Ah, c'est toi, qu'est-ce que tu veux ? de l'eau ? j'ai des bouteilles si besoin.

- Non, je dois aller chercher quelque chose, je reviens tout de suite.

- Non, il fait encore trop chaud, il faut rester dans les chambres !

- Mais non, ça va, holala !

- Lisette, j'ai dit non !

- Mais je vais juste à côté, à la boite aux lettres, c'est très important, c'est mon éducatrice qui m'a demandé de poster quelque chose aujourd'hui, c'est pour l'école !

- Pfff, vas-y mais reviens tout de suite !

- Oui, oui !

Elle rejoint la place mais ne trouve pas Malik. Elle fait le tour et entre dans le square. Il est là, endormi sur un banc.

- Toc toc ! dit-elle en lui tapotant l'épaule.

- Hein ? répond Malik, en ouvrant un œil.

- Pourquoi tu n'étais pas dans ta chambre ?

- Parce que … j'avais chaud.

- Tu as vu Noah ?

- Non …

- Et Bintou ? elle devait sortir aujourd'hui mais elle n'est toujours pas là.

- Non, j'ai vu personne.

- Évidemment, tu dormais !

- Non mais …

- C'est pas grave, on va attendre … tu veux du jus ?

- Oui !

Il boit goulûment, les deux mains sur la bouteille, surpris de voir à quel point il avait soif.

- Tu bois comme un bébé ! glousse Lisette

- Et toi tu rigoles comme une poule !

Lisette lui prend la bouteille des mains et se met à courir autour du banc. Malik la poursuit en criant

« donne, mais donne ! ». Plus agile, elle parvient à esquiver les assauts, puis se laisse finalement attraper en s'agrippant à la bouteille. Malik tire de toutes ses forces, le liquide se renverse. Lisette pousse des cris aigus et finit par lâcher. Malik s'éloigne en courant, portant la bouteille comme un trophée.

- T'as pas le droit ! c'est mon jus ! proteste Lisette

- Ah bon ? regarde ! répond Malik, faisant mine de boire jusqu'à la dernière goutte.

- Han ! viens ici !

- Viens me chercher ! répond Malik hilare.

- Attends, tu vas voir ! crie Lisette, armant sa course.

Malik s'enfuit vers la sortie du square, Lisette à ses trousses. Il s'engouffre dans la rue qui mène au boulevard. Ne la voyant pas arriver, il pense à un piège. Elle va fait le tour et l'attraper par surprise de l'autre côté. Il décide de la semer en zigzagant dans les rues adjacentes.

Au même moment, le directeur de l'association et Andreas, l'éducateur remplaçant, arrivent à l'hôtel pour les présentations. Il accompagnera le groupe demain pour la grande sortie à la mer. Cela n'a pas été facile de trouver du personnel à cette période de l'année, le directeur aurait préféré quelqu'un de plus expérimenté, mais il n'a pas été en mesure de faire la fine-bouche. Le CV du jeune homme portait la mention « brevet de surveillant de baignade », c'est ce qui a fait pencher la balance pour son recrutement en vue de la journée à la mer. La visite commence par l'accueil, avec le gardien de jour. Ils évoquent ensemble les détails du voyage, le départ est prévu à huit heures trente précises. Andreas s'occupera de compter les jeunes, puis les accompagnera jusqu'au local de l'association, où deux grands bus les attendront. Ils font le tour des chambres avec des packs d'eau. Le directeur en profite pour rappeler les règles et reçoit les doléances des jeunes. Les demandes tournent souvent autour du même sujet, avoir une chambre individuelle. Les raisons évoquées sont celles du bruit des autres pendant la nuit. Andreas tente de se montrer opérationnel en prodiguant quelques conseils pour une meilleure cohabitation, il parle de respect de chacun, de mettre un casque pour écouter sa musique. Le directeur serre les dents. Il ne peut pas en vouloir à ce nouvel arrivant, il ne connait pas encore ces adolescents. Il comprendra vite que ce sont surtout les pleurs et les cauchemars que chacun veut pouvoir cacher au regard des autres.

L'association n'a pas le budget pour se permettre ce luxe. Une place à l'hôtel, c'est déjà beaucoup. Il y a bien une chambre individuelle au troisième étage, mais c'est uniquement parce qu'elle est trop petite et mansardée pour y caser deux lits. Ils terminent la visite par le dernier étage mais trouvent portes closes.

Malik est en nage, il est allé trop loin et ne voit plus Lisette. Il revient sur ses pas, vers le square, elle n'y est pas. Il retourne vers l'hôtel. Dans le hall, le voilà nez à nez avec le directeur, Andreas et le gardien.

- Hé ! je t'avais interdit de sortir toi ! lui gronde le gardien.

- J'étais … juste là, bredouille Malik.

- C'est lui le jeune de la chambre du haut, il s'appelle Malik, dit le directeur à Andreas.

- Bonjour Malik, je m'appelle Andreas, je suis le nouvel éducateur !

- Bonjour.

- Au fait, les filles du troisième ne sont pas là aujourd'hui ? demande le directeur au gardien.

- Bintou est encore à l'hôpital … et Lisette n'est pas encore rentrée, elle avait un rendez-vous il me semble, elle ne va pas tarder…

- D'accord, bon n'oubliez pas de les faire boire, c'est intenable ici.

- Oui, sans faute.

- Et toi Malik, vas te mettre au frais et prends une douche, ça te fera du bien… Andreas, je dois

retourner au bureau, je vous laisse continuer la
visite tous les deux, la cuisine et le reste, on
vous donnera aussi les clés et les codes.

Le gardien se lève en soupirant et fait signe à
Andreas de le suivre. C'est presque l'heure de la
relève, mais il faut que ça tombe sur lui, avec cette
chaleur. Il décide de commencer par la cave, au
moins, il fera frais.

Malik monte rapidement les escaliers, ses yeux se
brouillent, la nausée le saisit. Il ralentit son pas et
se hisse péniblement jusqu'à sa chambre. Il s'assoit
sur le lit. Il manque d'air. Il se relève doucement et
s'empare du ventilateur. ON. L'air circule de
nouveau. Il fixe les pales. Emmène-moi loin
d'ici… Avec Lisette, bien sûr. On se mariera et on
aura des enfants. Boubou pourra manger du gâteau
quand il voudra, je lui ferai un endroit spécial pour
le voir tous les jours. Mais personne ne doit savoir
pour l'instant. Sauf Lisette, mais je lui en parlerai
seulement après le mariage. J'espère qu'elle n'est
pas fâchée à cause du jus. Je lui achèterai des

millions de bouteilles pour la cérémonie si elle veut.

Ce sera en Amérique, je serai un acteur ou un boxeur, un métier bien. J'aurai un costume blanc et des lunettes de soleil. Tout le monde me félicitera. On veut me prendre en photo, on me touche le visage, un monsieur ouvre ma bouche et regarde mes dents. Malik sort subitement de ses pensées. Non, je confonds, ce n'est pas dans l'histoire ça. Il chasse ce souvenir qu'il n'a pas invité. Sa tête chauffe, il vacille et retourne s'assoir sur son lit, le dos contre le mur. Il sombre dans un sommeil proche de l'évanouissement.

Il est dix-huit heures, Toumany gare son vélo dans la cour et lève machinalement les yeux vers les chambres. Il aperçoit la fenêtre de la chambre de Lisette se refermer. Elle doit avoir chaud la pauvre, se dit-il, juste sous les toits en plus. Peut-être qu'elle m'a vu mais qu'elle est encore fâchée ? Je vais la laisser tranquille, elle sait où me trouver, après tout.

- Le directeur est passé avec le nouvel éducateur, l'informe le gardien.

- Ok, Bintou est là-haut ? demande Toumany.

- Non, elle sort demain finalement, Malik est là mais Lisette est encore dehors cette polissonne, je ne sais pas ce qu'elle fait !

- Ah non c'est bon, elle est remontée, je l'ai vue fermer la fenêtre.

5.

Il est six heures du matin, Toumany est desséché par les deux ventilateurs posés devant lui sur le bureau. Avant de partir, il consigne dans le cahier son rappel à l'ordre pour la chicha de la chambre 101. Il a confisqué le matériel. Il ne plaisante pas avec la sécurité. Ces jeunes ne se rendent pas compte des risques. Depuis qu'il a suivi la formation incendie, il est en alerte à la moindre fumée. Il rentre chez lui, bien décidé à en parler à sa femme.

Andreas est arrivé à l'hôtel, il est huit heures, il a une demi-heure pour faire sortir les trente adolescents prévus pour cette journée. Les premiers commencent à descendre et le saluent. Le gardien fait le tour des étages pour secouer les retardataires. Il tambourine aux portes.

- Allez dépêchez-vous, c'est l'heure ! tout le monde est déjà en bas !

Malik se réveille en sursaut. La journée à la mer. Il avait oublié. Il sort rapidement de sa chambre et se dirige vers celle de Lisette. Il toque doucement, puis plus fort. Personne ne répond. Elle doit être en bas. Dans l'escalier, il entend une conversation, le gardien parle avec un jeune dans une langue que Malik ne comprend pas. Andreas est là aussi, il a renoncé à compter les jeunes, ils n'ont fait qu'entrer et sortir, il comptera dans les bus. Le gardien lui fait part du refus d'Ashraf de se joindre à la sortie.

- Il ne veut pas y aller, il vient d'arriver, il ne connait personne.

- Ce sera justement l'occasion de faire des connaissances pendant le voyage ! Est-ce que tu as déjà vu la mer, demande Andreas, avec un sourire engageant.

Ashraf fait mine de ne pas comprendre la question et détourne le regard. Le gardien marque un silence puis s'adresse à Ashraf dans une langue étrangère mais ne traduit pas la question d'Andréas. Il lui explique au contraire qu'il ne sera pas obligé de se baigner, il pourra rester sur la terrasse et manger une glace. Lui non plus ne se baigne pas, mais il y va quand même, pour voir du pays. L'adolescent finit par acquiescer et se dirige vers la porte. Malik descend les dernières marches vers l'accueil, essayant de passer inaperçu, dans le sillage d'Ashraf.

- Ah te voilà, mais qu'est-ce que tu attends, dépêche-toi, les autres ont déjà pris le métro ! gronde le gardien.

- Ils sont tous partis ?

- Oui, il ne reste que vous deux ! allez vite, je vous retrouverai aux bus, je vais charger les pique-niques dans la voiture.

Dans le métro, Ashraf met ses oreillettes pour signifier qu'il ne souhaite pas parler. Ce n'est pas qu'il ne comprend pas le français, il a vite appris à se débrouiller - il fait simplement semblant quand cela l'arrange, il se sent embarqué malgré lui dans cette sortie et déteste cela. Il attend le moment opportun pour leur fausser compagnie.

- Et toi Malik, ça fait longtemps que tu es à l'hôtel ? questionne Andreas.

- Oui…

- Et ça te plait ?

- Oui…

- Et tu viens d'où ? quel pays ?

- Je … je suis de l'Amérique…

- Ah… de l'Amérique du Sud ou…

- Oui, oui.

Devant le local de l'association, c'est l'effervescence. Les plus grands, hébergés en foyer de jeunes travailleurs, ont également rejoint le convoi. Les éducateurs font monter les derniers arrivés dans les bus et chargent les pique-niques. Malik cherche Lisette du regard mais ne la trouve pas. Il scrute l'intérieur des bus mais les vitres fumées l'empêchent de distinguer les visages. Le premier bus démarre. Malik est empoigné par le gardien qui le dirige fermement vers le second bus.

-   Non, attendez, je dois trouver Lisette !

-   Plus tard, tu n'avais qu'à te dépêcher !

Malik monte et cherche jusqu'au fond du bus, elle n'est pas là. Elle devait être dans l'autre, se dit-il, désemparé. Ashraf a profité de la cohue pour prendre ses distances avec Andreas. Posté un peu plus loin, il regarde partir le premier bus. Il n'est jamais monté à bords d'un tel engin. De là où il vient, il n'y avait que le vieux tracteur de son père, le seul du village. Son goût de l'aventure lui souffle de monter à bord, à côté du chauffeur. Il pourra raconter à son frère resté au pays qu'il a conduit un bus. Il revient vers le parking, comme si de rien n'était et fait signe au chauffeur de lui ouvrir la porte. Le bus roule depuis presqu'une heure. Malik a la nausée. Le gardien passe dans les rangées et lui propose de prendre sa place à l'avant. Malik change de siège et s'assoit juste derrière Ashraf, qui ne quitte pas le chauffeur des yeux.

Magda fulmine. J'aurai dû m'en douter. Il n'y avait personne hier soir. Ils se sont bien moqués de moi, ces deux-là. Ils vont me laisser ce gamin sur les bras ! Ce n'est pas ta faute petit bonhomme, mais je ne veux plus de problèmes, tu comprends ? Après avoir donné un copieux petit déjeuner à Noah et s'être servi un verre de vodka, Magda s'assoit pour réfléchir. Elle boit une gorgée, puis deux. Sa gorge maintenant anesthésiée, elle avale le reste d'un trait.

Je vais me pointer au commissariat et leur dire bonjour monsieur, des gamins m'ont confié ce marmot dans la rue, je ne sais pas qui c'est. Bien sûr madame, suivez-moi. Ils vont me coffrer, c'est sûr. Elle se lève et va laver son verre. Et si ces gosses étaient sous la coupe d'adultes malfaisants ? Même pas libres de leurs mouvements, si ça se trouve. Mais mon Dieu, quoi faire ? Magda observe le petit garçon assis sur sa couverture. Je vais les attendre jusqu'à ce soir… ou demain, mais pas plus !

Malik regarde les paysages par la fenêtre, le voyage n'en finit pas. Le gardien passe et repasse dans les rangées, en comptant les jeunes. Il ne quitte pas son téléphone. Le car ralentit et entre sur un parking, les voilà à destination. Le premier bus est déjà garé. Malik plisse les yeux mais ne distingue toujours pas Lisette. Sur le chemin qui mène à la plage, il fait des allers retours au pas de course. Devant, derrière, sur les côtés. Elle n'est vraiment pas là. Il court vers le gardien.

- Lisette n'est pas là, j'ai cherché partout !

- Oui Malik, on est au courant, on s'en occupe !

- Mais …

- Ça va, ne t'inquiète pas, elle a dû rester à l'hôtel, ils sont allés voir dans sa chambre, retourne avec les autres.

Malik dévisage le gardien, sans comprendre. Il réfléchit. Pourquoi Lisette serait-elle restée à l'hôtel ? Ah, je sais, elle est partie chez la dame pour voir Noah … Mais pourquoi sans moi ? Non, ce n'est pas possible, elle m'aurait prévenu. Il reste à proximité du groupe d'adultes pour entendre leurs conversations. Le chemin débouche sur un escalier, puis une longue plage. Chacun s'installe par petits groupes. Certains sortent un ballon et commencent à jouer au foot. Malik reste seul, assis sur les marches.

Il est midi quand Toumany se réveille. Il allume son portable. Quatre messages : son collègue de jour l'a appelé trois fois, ainsi qu'un éducateur. Il sursaute. Que se passe-t-il ? Il compose fébrilement le numéro du gardien, sans écouter les messages.

- Allô ? qu'est-ce qu'il y a ?

- Tu l'as ?

- Quoi ?

- La gamine ! Lisette ! tu l'as ou pas ?

- Non mais de quoi tu parles ?

- On n'a pas Lisette, elle n'est pas dans le bus,

elle a dû rester à l'hôtel, va vite voir dans sa chambre !

- C'est pas possible …

- Dépêche-toi !

Toumany s'habille à la hâte, enfourche son vélo et file en direction de l'hôtel. Tout est inhabituellement calme en l'absence des jeunes. Il prend les clés et monte en courant. Devant la porte de Lisette, aucun bruit. Il toque et appelle plusieurs fois. Personne. Il entre. La chambre est vide. Pas de Lisette. Il se dirige vers son placard. Totalement vide. Il passe sa main sur les étagères, ébahi. Il se précipite vers le lit, le pyjama habituellement plié sur l'oreiller a disparu également, tout comme ses affaires de toilette. Du côté de Bintou, en revanche, tout a l'air en place. Il court vers la chambre de Malik, tout est en place aussi. Toumany se frotte les yeux, le front, puis le crâne. Il appuie un bras contre le mur, essayant de mettre de l'ordre dans ses idées. Il inspecte les cuisines, le local technique et la cour. Pas de Lisette. Il fait le tour du pâté de maison à vélo, passe à l'épicerie. Non, personne ne l'a vue ce matin. Il retourne à l'hôtel et appelle son collègue de jour.

- Elle n'est pas là…

- C'est pas possible … elle a oublié la sortie tu crois ?

- Non, elle a pris toutes ses affaires.

- Quoi ? mais comment ça ? … tu veux dire qu'elle est partie ?

- Je ne sais pas, je ne comprends pas, elle a tout pris je te dis !

- Elle n'a pas pu partir comme ça, pas toute seule !

- J'ai cherché partout, même dans le quartier.

- Appelle le directeur, je préviens les autres … tu l'avais bien vue hier soir ?

- Oui, enfin non, j'ai vu la fenêtre se fermer mais … bon, je préviens la direction.

Sur la scène du colloque où il intervient, le directeur s'excuse auprès de son auditoire, il doit prendre cet appel. Il écoute et répond « contacte le commissariat, je serai là dans une heure ».

Toumany se poste devant l'entrée de l'hôtel, les mains sur les hanches et scrute les alentours. Rien, dans le comportement de Lisette ne pouvait laisser présager un départ soudain. Oui, elle était bien un peu fâchée hier avec l'histoire de Bintou, mais ce n'est quand même pas à cause de ça… Et puis il y a ce téléphone, elle n'a pas pu se le procurer toute seule, j'aurais dû lui demander ! Est-ce qu'elle connait des gens ici ? Elle qui voulait tellement participer à cette journée à la mer, non ça ne colle pas… Elle aurait joué la comédie tout ce temps ? Et si elle était en danger ? Il compose le numéro de Raoul.

- Je mange, frère, qu'est-ce que tu veux ?

- On a perdu une gamine, toutes ses affaires ont disparu, c'est pas normal…

- … bah ça arrive, non ? elle a dû trouver mieux ailleurs, tu ne crois pas ?

- Non, elle a quatorze ans et c'est pas le genre à

fuguer.

- Ah … bon … on va venir mais merde, j'ai jamais le temps de manger !

Toumany rappelle le gardien de jour.

- Passe-moi Malik.

- Ok.

- Malik, c'est moi, est-ce que Lisette t'a dit quelque chose ?

- Non… quelque chose comme quoi ?

- Malik, c'est sérieux là, est-ce que tu sais où elle est ?

- Mais non, elle n'était pas dans le bus !

- Tu ne sais vraiment pas ? jure-le, Malik, jure-le moi !

- Mais oui, je jure…

Il raccroche, il l'interrogera à son retour, face à face, il verra tout de suite s'il ment ou pas. Qui d'autre pourrait savoir ? Bintou ? Oui, Lisette est peut-être allée lui rendre visite à l'hôpital. Il contacte l'infirmière de l'association, qui a rejoint Bintou pour la raccompagner à l'hôtel.

Dans son lit, Bintou essaie de calmer son excitation. Le médecin va arriver. Elle va pouvoir sortir et rentrer à l'hôtel. Puis, ce soir, dès que la voie sera libre, Malik et Lisette la conduiront à son fils. Elle est tout près du but. L'infirmière est sortie répondre à l'appel de Toumany, quand elle revient le téléphone à la main, son visage est beaucoup plus grave.

- Bintou, est-ce que tu as vu Lisette ce matin ?

- Non.

- Et hier, elle est passée te voir ?

- Non … pourquoi ? demande Bintou en se redressant.

- C'est … c'est juste qu'ils ne le la trouvent pas, mais elle ne doit pas être loin.

- Elle n'est pas à l'hôtel ?

- Non, c'était la sortie à la mer aujourd'hui, elle n'a pas rejoint les autres au bus, mais ne t'inquiète pas, elle doit être dans le quartier, ils vont la trouver, répond l'infirmière, cachant son inquiétude derrière un sourire.

- D'accord … murmure Bintou, fébrile.

- Bon, elle ne l'a pas vue, dit l'infirmière, reprenant son téléphone.

Raoul a rejoint l'hôtel, accompagné d'un officier de police judiciaire. Ils inspectent la chambre et les alentours. Le directeur est là aussi, avec le dossier de Lisette.

- Si elle a pris toutes ses affaires, c'est plutôt positif… ça ressemble plutôt à un départ volontaire, pas à un truc glauque, quoi … elle a peut-être de la famille ici, dit Raoul en se grattant la tête.

- Non, je l'aurais remarqué ! répond Toumany.

- Bah, elle ne va pas te l'avouer, ils sont censés être isolés, tes mineurs … elle a bien des amis ici ?

- Non, elle vient d'arriver ! il y a bien le petit Malik, mais il ne sait rien, il est à la plage avec les autres, tu pourras le voir ce soir.

- On n'a pas grand-chose sur elle dans le dossier, c'est étrange quand même, cette gamine qui sort de nulle part et qui disparaît soudainement, dit le directeur.

Raoul examine la photo d'identité de Lisette et lit le rapport de la Police de l'Air et des Frontières, qui précise :

« *A été découverte ce jour dans les toilettes de la zone des arrivées internationales hors UE, sans documents d'identité, disant s'appeler Lisette X et serait âgée de 14 ans, voyagerait seule. (...) Ne donnant aucune précision sur son lieu d'embarquement, le vol par lequel elle est arrivée n'a pas pu être établi avec certitude (...) Ne correspond à aucune des personnes enregistrées sur les trois vols de la matinée (...)* ».

Toumany ne dit plus rien. Il n'a pas l'habitude de poser des questions aux adolescents, surtout les premiers temps. Certains ont de la famille en France, même s'ils prétendent le contraire, mais cela reste assez rare. En général, il s'agit de famille éloignée qui ne peut ou ne veut pas les accueillir, d'un frère ou d'un oncle, en situation irrégulière. Il s'en rend rapidement compte, car ces adolescents-là s'absentent souvent pour rendre visite à leur famille. Lisette, elle, ne quitte jamais sa chambre, sauf ces derniers temps, avec Malik. Si quelqu'un sait quelque chose, c'est lui.

- J'emprunte le dossier, on va donner le signalement aux collègues, si elle est dans le coin, on la trouvera, vous savez comment elle était habillée ?

- Non, je suis parti tôt, il faudra demander au gardien à son retour de la sortie, mais je crois qu'il ne l'a pas vue ce matin …

- Quand est-ce qu'elle a été vue pour la dernière fois ?

- Hier, rien d'anormal … répond Toumany, gardant quelques détails pour lui.

- Bon, je dois retourner au commissariat, vous me tenez au courant si ça bouge, ok ?

Le directeur reste silencieux, il ne veut pas accabler Toumany mais se demande comment cette gamine a pu échapper à la surveillance des adultes. D'habitude, en cas de problème, il peut s'appuyer sur l'équipe, mais l'éducatrice qui s'est occupé de Lisette est en vacances. C'est l'autre maître-nageur qui la remplace, autant dire qu'il va devoir gérer ça tout seul. Il repart au bureau où il sera plus utile. Il attendra un peu avant de prévenir ses supérieurs, on ne sait jamais, Lisette reviendra peut-être d'elle-même.

Il avait pourtant hésité à la prendre cette gamine. Quatorze ans, c'est trop jeune pour l'hôtel, mais l'inspectrice de l'Aide Sociale à l'Enfance avait beaucoup insisté. Aucune famille d'accueil n'était disponible en plein été, un gros manque de personnels aussi dans les foyers, il lui fallait une place dès le soir. Il y avait un lit vide dans la chambre de Bintou, cela semblait une solution acceptable. La secrétaire regarde le directeur entrer dans le bureau et cherche sur son visage des signes de l'avancée de l'affaire. Devant son air fermé, elle comprend qu'il n'a rien de nouveau et soupire.

Sur la plage, Malik est toujours assis à l'écart. Les éducateurs ont essayé de le rassurer, tout en lui disant de ne pas en parler aux autres, pour ne pas gâcher la journée. Non, il se taira car, il en est sûr, Lisette est retournée chez la dame pour voir Noah. Elle aurait pu le prévenir, quand même.

Ashraf se tient lui aussi à bonne distance du groupe, écouteurs sur ses oreilles, il observe les adolescents qui se baignent jusqu'à la taille avec Andreas qui lui fait signe de les rejoindre. Jamais de la vie répond Ashraf tout bas, et toi on dirait une femme avec tes grands cheveux jaunes, au milieu de tous ces noirs, franchement, c'est n'importe quoi, c'est pas un éducateur ça ! pense-t-il. Agacé, il se tourne de l'autre côté. Il a maintenant vue sur Malik, toujours assis sur les marches. Il se rassure en pensant qu'il n'est pas seul à refuser de se baigner.

Les éducateurs commencent à ranger, l'après-midi touche à sa fin. Ashraf n'a pas touché à son pique-nique. Le gardien lui demande pourquoi. J'aime pas ça. Le gardien hausse les épaules. Malik n'a pas ouvert le petit sac non plus et se fait réprimander à son tour. Ashraf lui lance un coup d'œil complice. Le groupe lève le camp vers la terrasse du glacier, face à la plage. Chacun s'installe dans la bonne humeur, la glace est offerte par l'association, il reste à choisir son parfum. Malik se concentre sur les photos de la carte. La boule rose. C'est ce qu'avait commandé Sandro la première fois. Lui avait pris du chocolat parce que c'était le seul mot qu'il connaissait. Malik est pris de nausées, il baisse les yeux sous la table et regarde ses pieds. Il respire difficilement. Son corps est lourd. Il glisse, puis plus rien.

Raoul appelle ses collègues de la Police de l'Air et des Frontières, ils ont toujours plus d'éléments que ce qui figure dans les dossiers transmis aux associations. Mais cette fois, la pêche est maigre. Le cas Lisette reste un mystère pour les services. Ce matin-là, les passagers passés par cette zone arrivaient de trois vols différents, avec des escales dans des pays instables, connus pour être des portes d'entrée faciles pour les clandestins. Mais aucun des mineurs enregistrés lors de ces arrivées ne correspondait à Lisette. En revanche, un pasteur voyageant avec un faux passeport avait été repéré sur l'un de ces vols. Le lien était ténu mais possible car Lisette avait pour seul bagage un petit sac en plastique, avec un goûter et une Bible.

- Et rien du côté des empreintes ?
- Pas dans les fichiers, en tout cas.
- Et le pasteur, il raconte quoi ?
- Attends, je regarde … il a été relâché, il avait un passeport suisse, il aurait embarqué sous un faux nom parce qu'il craignait pour sa sécurité, ça aurait été démontré par son avocate, mais il n'a pas mentionné d'enfant avec lui, tu veux que je t'envoie le PV quand même ?

-   Non, laisse tomber … rien d'autre sur la gamine ?

-   Non, mais si tu veux mon avis, ceux qui l'ont amenée ici ont remis la main sur elle, pas sûr que tu la retrouves.

-   Un réseau ?

-   Quoi d'autre ? elle n'a pas pris son billet toute seule, à son âge, elle est forcément arrivée par l'un des vols, or on ne retrouve aucune trace de son embarquement, ni de sa présence à bord, tu en conclus quoi ?

-   Je ne sais pas … elle n'a quand même pas voyagé en soute ?

-   Arf, franchement non, mais tout est possible ! ou alors elle est restée cachée dans les toilettes depuis la veille mais ils sont vérifiés chaque soir normalement, avec les chiens en plus… mais pourquoi elle t'intéresse cette fille ?

-   Oh pour rien, moi je m'en fous, c'est pour un ami.

-   Ben dis à ton ami de ne pas trop se faire

d'illusion, soit elle réapparait dans les vingt-quatre heures, soit ce n'est plus la peine de la chercher, je voudrais bien t'annoncer autre chose mais …

Les pompiers arrivent, guidés par Ashraf. Malik n'a toujours pas repris connaissance. Dans la chute, sa tête a heurté le pied de la table, un peu de sang coule sur sa nuque. Les éducateurs demandent aux jeunes de retourner s'assoir et de manger leurs glaces. Seuls Andreas et le gardien sont autorisés à rester avec lui. Ashraf insiste, il a récupéré les affaires de Malik et l'a vu tomber, cela justifie amplement sa présence. Le gardien accepte, mi-étonné, mi-agacé, puis s'adresse aux pompiers :

- Il n'a rien mangé de la journée, et avec cette chaleur…
- Pourquoi il n'a rien mangé ?
- On a pris le car, il avait mal au cœur.
- Il a bu au moins ?
- Je lui ai donné mais …

On découpe son tee-shirt pour examiner sa blessure. Les pompiers lui crient « monsieur, monsieur ! » Malik est installé en position latérale de sécurité, une minerve à son cou. Ashraf regarde la scène, d'un air grave.

-   Il est mort ? demande-t-il.
-   Non, c'est juste un coup de chaud et un petit bobo, répond un pompier.

Malik ouvre lentement les yeux et vomit. Les pompiers demandent des serviettes mouillées pour le rafraichir. Malik reprend conscience, mais il lui faut quelques points de suture. Les pompiers sont en ligne avec le central pour son transfert vers les urgences les plus proches, à une vingtaine de kilomètres. C'est la tuile, pense le gardien. Malik est emporté sur une civière, sans comprendre ce qui lui arrive. Malgré les protestations d'Ashraf, c'est Andreas qui monte dans l'ambulance.

Après une longue attente à l'accueil, Bintou sort enfin de l'hôpital, accompagnée de l'infirmière de l'association. La voiture s'engage dans la rue qui mène à la place dont lui avait parlé Lisette. Elle le sait, Ibrahim n'est pas loin. Elle dévisage les passants, pas de trace du petit garçon. Devant l'hôtel, Toumany les accueille avec un sourire. Une fois seule dans sa chambre, elle fait le point sur la situation. Si Lisette n'est pas là, c'est qu'elle est avec Ibrahim, chez la dame. Et quand Malik rentrera ce soir, il la conduira là-bas. Elle ne veut penser à rien d'autre.

Dans la salle d'attente, Andreas cherche une position supportable sur sa chaise. Voilà plus d'une heure que Malik a été emmené pour des examens. L'infirmière de l'accueil lui fait signe.

- Remplissez-moi ce formulaire s'il vous plait et … vous avez prévenu la famille ?

- Heu non, il n'a pas de famille, c'est l'association qui s'en occupe, je suis son éduca…

- Ah, c'est un mineur isolé ?

-   Euh, oui.

-   Vous l'avez signalé au médecin ?

-   Non … pourquoi ?

-   Bah, ça dépend depuis combien de temps vous
    l'avez, mais s'il vient d'arriver, il faut le
    signaler.

-   D'accord, dit Andreas en retournant s'assoir,
    sans comprendre.

-   C'est à cause des maladies, lui chuchote une
    femme assise à côté.

-   Ah bon ?

-   Faut pas leur en vouloir, avec tous les migrants
    qui arrivent, ils prennent des précautions.

-   Oui mais, on était juste en sortie à la plage, il
    est resté trop longtemps au soleil, c'est tout.

-   Ah, tant mieux. C'est une bonne idée de les
    amener ici, c'est bien qu'ils apprennent. C'est
    fou quand on y pense, de prendre la mer comme
    ça quand on ne sait pas nager, mais, comme on
    dit, on ferait peut-être pareil à leur place… il
    arrive d'où votre gamin ?

- De l'Amér… Je ne sais plus trop, quelque part en Amérique du Sud, je crois…

- Ah, ce n'est pas courant … mais au moins il n'est pas venu en zodiac, celui-là !

- Oui, oui …

La dame le dévisage en se disant que ce grand blond est aussi bête qu'il en a l'air. Elle lève discrètement les yeux au ciel et reprend sa lecture. Andreas s'enfonce dans sa chaise. Il cherchait juste un job d'été. Pendant l'entretien le directeur lui avait bien parlé des mineurs isolés mais, focalisé sur sa présentation, il avait à peine écouté. Il était ressorti sûr d'être embauché et cherchait déjà des idées d'animation et de jeux pour ados. Il n'avait pas fait le lien avec les reportages à la télévision. Ces visages creusés et terrifiés sur des bateaux de fortune. Et si les jeunes qui jouaient avec lui sur la plage tout à l'heure étaient passés par là ? Il frissonne. Il se revoit mettre sans ménagement la tête sous l'eau d'un grand qui arrosait les autres.

Raoul est de retour au bureau. Le signalement à la RATP, aux hôpitaux et aux patrouilles n'a rien donné. Lisette est toujours introuvable. Il appelle Toumany.

- Allô, ouais, qu'est-ce que j'veux dire, euh, pas de nouvelles de ton côté ?

- Non et toi ? répond Toumany du tac-au-tac.

- Non, mais on continue de chercher.

- Tiens-moi au courant, je suis inquiet, elle est vraiment petite…

- Ça va aller, appelle-moi quand l'autre gamin revient de la sortie.

- Malik ? il ne revient plus, il est à l'hôpital, il s'est cogné la tête.

- Exprès ?

- Non, il est tombé à la plage… mais tu le connais, c'est le petit du bus, tu te souviens ?

- Ah oui le petit bizarre, je vois, allez je te rappelle ce soir, ciao.

Toumany n'insiste pas plus. Il sait que sans ses liens d'amitié avec Raoul, l'affaire serait déjà classée comme une fugue non prioritaire, et personne ne se serait déplacé. Il se sent inutile et fait les cent pas devant l'hôtel. Il retourne à l'accueil et allume sa radio, pour chasser les idées noires qui tournent dans sa tête. Il s'en veut. Il aurait dû aller la voir hier soir. Il aurait dû lui demander d'où venait ce téléphone. Un téléphone à mille euros, au moins ! Non, vraiment, il aurait dû demander.

« ... C'était le journal de dix-neuf heures, on enchaine avec la météo et de bonnes nouvelles, la pluie arrive enfin cette nuit ! Les entrées maritimes se propagent actuellement vers le Nord du pays. La chaleur de ces derniers jours pourrait entrainer des masses d'air instable et la formation de plusieurs orages. De fortes précipitations sont également attendues et devraient faire chuter sensiblement les températures ».

Magda a passé la journée à se persuader d'un simple retard des enfants. Ils seront de retour ce soir, c'est certain. Le soleil va bientôt se coucher mon petit, nous allons pouvoir sortir, tu vas retrouver ta famille, et tu dois avoir besoin de te dégourdir les jambes ! Ce n'est pas une vie de rester enfermée chez une vieille dame, n'est-ce pas ? Même si je n'ai jamais vu d'enfant sage comme toi, il faut le souligner. Elle se penche vers lui et l'embrasse sur la joue. L'enfant sourit et lui tend les bras. A cet instant précis, Magda ne regrette pas d'avoir pris Noah avec elle, quoiqu'il arrive.

Les bus glissent sur l'autoroute, les conversations se sont tuent. Le chauffeur a mis la radio pour rester éveillé. Seul le gardien ne parvient pas à se détendre. Il s'en veut. Il a laissé sortir Lisette hier, il n'aurait pas dû. Après ça, personne ne l'a vue finalement. Toumany a vu quelqu'un fermer la fenêtre, mais ce n'était peut-être pas Lisette. Ou alors elle n'était pas seule. Il y a du monde qui passe à l'hôtel. Je ne peux pas toujours être à l'accueil. Le directeur m'a prévenu qu'il m'attendrait ce soir, il veut nous voir avec Toumany. Qu'il ne s'amuse pas à me reprocher quelque chose celui-là. Il est 21h quand les bus entrent sur le parking. Le directeur les attend sur le trottoir. Les éducateurs évoquent une dernière fois le cas Lisette, puis chacun se souhaite un bon week-end bien mérité. Le gardien charge les packs d'eau dans la voiture. Mettez-les plutôt dans la mienne, je vous dépose, dit le directeur.

Les premiers jeunes sont de retour à l'hôtel. Bintou les entend faire du raffut dans l'escalier. Elle enfile ses claquettes et descend à l'accueil, elle doit voir Malik avant tout le monde.

- Qu'est-ce que tu fais là ? lui demande Toumany.

- Rien, j'attends Malik … et les autres, juste comme ça.

- Ah mais, je ne t'ai pas dit ? Malik ne rentre pas ce soir, il s'est cogné la tête, ce n'est pas trop grave mais ils l'ont emmené à l'hôpital, tu le verras demain je pense.

- Quoi ? non mais c'est pas possible…
- Tu voulais le voir pourquoi ? pour Lisette ?
- Euh oui, oui.
- Il est comme toi, il ne sait pas où elle est, mais ne t'inquiète pas, on va la trouver, va te reposer.

Raoul a terminé son service. Il prend son téléphone pour appeler Toumany puis raccroche avant la première sonnerie. Il se lève et prend sa veste. Quand il arrive à l'hôtel, le directeur et les gardiens sont en discussion animée sur le trottoir. Raoul les entraine un peu à l'écart. Les adolescents continuent d'aller et venir, des chambres aux cuisines.

Bintou guette dans l'escalier et choisit le bon moment pour sortir sans se faire remarquer. La place, le square. C'est là-bas qu'elle retrouvera Ibrahim. Coûte que coûte. Et sans ce petit con de Malik. Il ne pouvait pas se blesser un autre jour, celui-là ? La voie est libre, elle se dépêche. Elle avance sans se retourner jusqu'au coin de la rue. Elle marche le plus vite possible. Un vent chaud balaye son visage. Elle est presque arrivée. Un grondement sourd retentit. Elle traverse la rue. Le vent agite les branches, avec un bruit de maracas. Il n'y a personne sur la place. Les premières gouttes commencent à tomber. Soudain, une silhouette sort du square. Elle porte un enfant. Ibrahim !

Magda cherche un abri, la pluie tombe par rafales sur les capots des voitures. Elle n'entend pas Bintou courir derrière elle et sursaute.

- C'est mon fils, c'est Ibrahim ! crie Bintou, lui attrapant le bras.

- Ah non ! vous faîtes erreur, il ne s'appelle pas comme ça, répond Magda avec un mouvement de recul.

- Si, si, je sais, je sais, c'est la petite qui vous a dit qu'il s'appelait, ah - je ne sais plus comment déjà - Noah, c'est ça ? dit Bintou, les mains jointes.

- Oui mais … qui êtes-vous ?

- Je suis sa maman, lui c'est mon fils, c'est Ibrahim… S'il vous plait…

Magda pose lentement le petit à terre. Bintou tombe à genoux, la pluie et les larmes inondent son visage. Ibrahim la regarde fixement. Elle le couvre de baisers et lui essuie des miettes au coin de la bouche avec ses pouces.

- Si c'est votre fils, qui sont les deux autres gosses alors, vos frère et sœur ?

- Non, ce sont les petits de l'hôtel à côté, mais c'est compliqué… est-ce qu'on peut aller quelque part pour que je vous explique ?

- Oui venez, j'habite juste-là, répond Magda.

Ashraf s'est installé dans le couloir du deuxième étage, écouteurs sur les oreilles. L'odeur du repas de ses voisins de chambre lui donne envie de vomir. Il a récupéré la sacoche de Malik et la porte en bandoulière. Il se prend en photo avec son téléphone. Un adolescent sort de sa chambre et l'enjambe pour passer. Ashraf lui lance un regard sombre. Impossible d'être tranquille, mais il pleut trop pour aller dehors. Il enfonce sa tête dans ses épaules trapues. Il inspecte la sacoche de Malik. Andreas l'a autorisé à la garder pour l'instant puisqu'elle est vide. Ashraf ouvre toutes les petites poches et dégote finalement une clé, avec l'étiquette 311.

Il sourit en regardant l'objet et, par curiosité, monte au troisième étage. Il s'arrête devant la porte 311 et écoute. Aucun bruit. Il toque pour être sûr. Personne. Il regarde à droite et à gauche, met la clé dans la serrure et entre.

Hey, c'est ta chambre pour toi tout seul ? Bah ça va, tranquille ! Il fait le tour de la petite pièce. Franchement, c'est propre chez toi, je vais rester ici ce soir, de toute façon t'es à l'hôpital, ça te dérange pas. Il enlève ses chaussures et s'allonge sur le lit, les mains croisées derrière la tête. Enfin, sa première nuit seul depuis longtemps. Il se relève, allume le ventilateur puis se dirige vers le lavabo et se regarde dans le miroir. Ses cheveux sont trop longs, mais à part cela il se trouve beau. Il allume la télévision. L'écran reste noir. Qu'est-ce que c'est ça encore, ça ne marche pas ? Il monte sur la chaise et inspecte les branchements derrière le poste. Il farfouille quelques secondes et l'image apparaît. Ah, voilà, dit Ashraf satisfait. Il fait défiler les chaines et s'arrête sur des clips. Il met ses lunettes de soleil et se prend de nouveau en photo devant l'écran allumé.

L'infirmière appelle Andreas, assoupi sur sa chaise. Le médecin va le recevoir. Il est deux heures du matin. Il se lève et la suit jusque dans un couloir, où Malik patiente sur une chaise.

- Tout à l'air d'être rentré dans l'ordre, n'est-ce pas jeune homme ? rassure le médecin, en tirant avec ses pouces sur les yeux de Malik.

- Oui.

- Il n'a pas de tee-shirt de rechange ? s'enquiert le médecin, se tournant vers Andreas.

- Euh, non, les pompiers l'ont coupé et je n'ai pas pensé à…

- Ok, vous pouvez regarder ce qu'on a ici ? dit-il en s'adressant à l'infirmière.

Elle s'éclipse hors du bureau. Le médecin respire bruyamment par le nez en écrivant sur son ordinateur. Malik et Andreas attendent voûtés et silencieux sur leur chaise.

- On n'a rien à sa taille mais j'ai trouvé ça, il en restait du congrès… dit l'infirmière en entrant.

- Ça ira très bien ! dit le médecin.

Malik enlève sa blouse bleue d'hôpital, ôte le sachet plastique et enfile le tee-shirt. Il sent le neuf. Il est noir, avec une feuille d'érable rouge, entourée d'un cercle. Au-dessous est écrit Air Canada. Un peu grand, mais je suis bien dedans, pense Malik.

- Vous pouvez y aller, et n'oublie pas de t'hydrater petit !

- Oui, d'accord.

- Euh, désolé, mais il est tard et on n'est pas du coin… peut-on rester ici le temps que la pluie

se calme ? on partira dès qu'il fera jour...
demande Andreas, gêné.

- Oui, dans le hall, mettez-vous dans un petit
coin, lâche le médecin.

Ils ne trouvent que deux sièges libres, en métal,
soudés l'un à l'autre. Ils s'assoient, épaule contre
épaule. Andreas parle un peu du train qu'ils
prendront demain, puis, devant le silence de Malik,
se tait à son tour.

Il est 8h34 quand le portable du directeur sonne.
C'est la secrétaire de l'association.

- Monsieur, on vient d'avoir un appel, c'était la
tante de Lisette !

- Quoi ?!

- Oui, elle a dit qu'elle appelait du Canada, que
la petite était chez elle, à l'abri avec sa
famille...

- Mais ... elle a laissé un numéro, quelque
chose ?

- Non mais j'ai vérifié le numéro, c'est bien l'indicatif du Canada.
- Vous avez parlé avec Lisette ?
- Non je … ça s'est passé trop vite !
- Mais vous êtes sûre que c'était sa tante ?
- Sûre, non ! comment je peux savoir ? je vous répète juste ce que j'ai entendu !
- Oui, oui, elle a dit autre chose ?
- Non, qu'elle appelait juste pour nous rassurer, que Lisette allait bien, et qu'il était inutile de déplacer la cavalerie, c'est ce qu'elle a dit !

EPILOGUE

4 ans plus tard / Mars 2023

Après la fête organisée pour son départ, Malik est resté encore un peu, pour aider les éducateurs à ranger. Andreas lui tend deux sacs en plastique. Il ne faut pas qu'il oublie tous ses cadeaux.
Ashraf les attend dehors, adossé à une voiture. Lui a quitté l'association un an auparavant, mais il est revenu pour l'occasion. Ils ont prévu d'aller boire un verre tous les trois après la fête de Malik. Ils s'installent en terrasse, Ashraf met ses lunettes de soleil, Andreas sourit et prend la carte des boissons.
- Vous prenez quoi, les garçons ?
- Ça dépend, c'est toi qui payes demande Ashraf, goguenard.

Une des éducatrices de l'association passe dans la rue et fait signe à Malik de la rejoindre, il obéit. Elle prend ses mains dans les siennes et le regarde intensément.

- Je voulais juste te dire … je ne sais pas ce qui s'est passé avec Lisette à l'époque et je ne veux pas le savoir, mais si tu as pu l'aider à rejoindre sa famille, c'est très bien ! ça n'a pas dû être facile pour toi de garder ce secret tout ce temps…

Malik la fixe sans répondre. Elle lui adresse un sourire entendu et lui donne son numéro de téléphone. « Si tu as besoin de quoi que ce soit, n'hésite pas ». Il la remercie et rejoint les autres.

Andreas a eu beau répéter à qui voulait l'entendre que le fameux tee-shirt venait de l'hôpital, la légende est restée dans l'équipe. Malik était forcément dans le coup du départ de Lisette. Il a bien caché son jeu, celui-là. Les suppositions les plus farfelues ont circulé sur cette disparition. Certains l'imaginaient en fille d'un riche opposant politique fuyant son pays, et d'autres liée à une organisation religieuse puissante. La faire passer pour une mineure isolée, puis l'exfiltrer discrètement jusqu'au Canada, ça ne peut être que quelque chose comme ça…

- Qu'est-ce qu'elle voulait ? demande Ashraf.

- Ça ne te regarde pas, répond Andreas, avec un soupir.

- Vas-y, fais pas ta star Malik ! qu'est-ce qu'elle voulait ?

- Rien, juste me dire au revoir.

- C'est ça ouais … t'es trop bizarre toi ! déjà avec ta figure et tes gros cheveux-là !

- C'est sa coupe, laisse-le tranquille, lui répond Andreas d'un ton las.

- Mais il fait peur aux gens comme ça ! je veux faire une photo pour envoyer à mon frère mais il va penser quoi ? déjà, il va pas le croire, tu sais pourquoi ? non ? parce tu ne m'aurais jamais vu avec un noir avant … non mais te fâche pas Andreas, c'est vrai ! avant j'avais peur même …

- Tu avais peur ? toi Ashraf… dit Andréas avec un petit sourire.

- Oui mais attend, tu sais, sur le bateau, celui pour venir en Europe, c'était la galère tu vois, la nuit et tout, j'étais avec un autre jeune, même âge que moi, à peu près quinze ans, je le connaissais du village à côté, ça faisait sept fois qu'on essayait de prendre le bateau ensemble, mais chaque fois la police elle nous attrape et nous tape, tu vois, la huitième fois, c'était la bonne ! on a pris le bateau, mais c'était n'importe quoi, trop de monde vraiment… on n'avait rien mangé depuis une semaine, quand on prépare quelque chose ça part à la mer, parce que ça bouge trop ! et le moteur pfff laisse tomber, il ne marchait plus du tout, on était complètement bloqués… quand on a vu les lumières du gros bateau, on a crié et on a bougé nos lampes comme ça, tu vois ?

- Oui, je vois mais… répond Andréas

- Attends je t'explique, donc le gros bateau il

nous a vu et il est venu juste à côté de nous, les gens dessus nous ont lancé des cordes, mais là mon copain il a regardé tous les gens sur le gros bateau, vraiment beaucoup de monde, et il a crié « Non Ashraf ! regarde, ils sont tous gris, ils sont morts ! » et il a sauté dans la mer ! tu sais, il a cru que c'étaient des gens morts sur le bateau, à cause de la couleur du visage, tu vois ! mais après, les gens sont venus me voir, ils ont dit que je ne dois pas pleurer, qu'on est tous ensemble, qu'eux aussi ils viennent de l'Afrique, tout ça… mais moi, c'était la première fois que je voyais des Noirs, et ne rigole pas s'il te plait, mais dans la nuit, je voyais que les yeux et les dents, j'ai eu trop peur, la vérité.

- Mais le jeune qui a sauté, il est … vous avez pu le sauver ? demande Andreas, déconfit.

- Je ne sais pas … non … je l'ai pas revu après, en tout cas…

- Mais tu veux dire qu'il a sauté juste parce qu'il

a eu peur des Noirs ?

- Oui, mais tu sais là où je suis né, c'est un tout petit village, y'a juste quatre maisons et on se connait tous ! moi j'avais jamais vu quelqu'un qui n'est pas comme moi ou qui ne parle pas comme moi ! si tu ne connais que Paris évidemment tu ne peux pas comprendre mais maintenant moi aussi je connais plein de Noirs, on mange ensemble, on travaille ensemble, tranquille … Mais fais pas cette tête Andreas ! De toute façon y'a eu plein de morts sur le bateau ! Tous ceux qui s'énervaient à cause du moteur bah ils se faisaient tirer dessus par les passeurs, c'était comme ça sur le bateau ! et les femmes aussi, elles tombaient à la mer parce que ça bougeait trop, allez, on parle d'autre chose, c'est mieux …

- Oui c'est mieux, répète Andreas, essayant de chasser les images qu'il a dans la tête.

Le téléphone de Malik sonne. C'est Bintou. Oui, il

a passé une bonne fête de départ, merci. Oui, il est content. Oui, c'est un grand jour. Oui, il fera attention à bien gérer ses papiers maintenant. Oui, il sera là samedi pour l'anniversaire d'Ibrahim. Non, il ne fera pas son timide. Oui, il connait déjà au moins trois personnes, Toumany, Magda et sa cousine Aminata. Oui, il se souvient d'elle.

La première fois, ils s'étaient croisés dans l'escalier de l'hôtel mais c'est seulement cette année qu'ils ont vraiment fait connaissance. Aminata l'attendait avec Ibrahim devant le square, Malik devait prendre le relais de la garde jusqu'au retour de Bintou après son travail. Il était un peu plus jeune qu'elle mais Aminata se sentait impressionnée en sa présence. Il avait une façon de se tenir, avec les mains dans les poches de devant. Et puis sa coupe style afro, plus personne ne se coiffe comme ça aujourd'hui. Elle ne l'avait pas taquiné car Bintou disait souvent qu'il était triste. Elle avait demandé pourquoi mais sa cousine avait haussé les épaules, répétant que cela ne servait à rien de ressasser les vieilles histoires.

L'été de la canicule était loin maintenant et, malgré la disparition de Lisette, c'est à partir de cette période que tout a commencé à s'arranger pour Bintou. Quand elle a informé l'association qu'une vieille dame du quartier allait lui donner des cours de français bénévolement, toute l'équipe a trouvé ça très bien. Pendant plus d'une année, elle a vu son fils tous les soirs chez Magda, sans éveiller les soupçons. Aujourd'hui, elle vit enfin avec Ibrahim, elle a obtenu son titre de séjour et trouvé un emploi stable qui lui permet d'aider sa mère. Elle savoure le sentiment du devoir accompli.

Pour Aminata aussi tout s'est finalement arrangé. Reconnue mineure par le service médico-légal, elle a été scolarisée et termine cette année un BTS dans un cabinet notarial. Elle révise ses cours chaque week-end avec Magda, chez qui tout le monde a conservé l'habitude de se retrouver.

Malik est venu quelques fois au début. Mais, depuis deux ans, il n'a plus remis les pieds dans le petit appartement. Tout lui fait trop penser à Lisette. Il a attendu longtemps des nouvelles, mais elle n'a jamais repris contact. Ou alors on ne lui a pas dit ? De toute façon, il préfère ne plus poser de question et, même avec Bintou, il n'aborde plus jamais le sujet. Avec le médecin non plus, il ne veut plus en parler. Ni de Sandro, de ses parents, de l'école ou du rêve dans la forêt.

Dans ce cas, ce n'est peut-être plus la peine de continuer, m'a dit le monsieur. Et comme j'étais d'accord pour arrêter, il a ajouté que j'aurai sûrement besoin d'y repenser plus tard, mais j'ai répondu que non. Alors il a dit que c'était normal, que ça faisait ça à tout le monde.

Quand Malik quitte le cabinet, le psychiatre prend son carnet de note et démarre machinalement son compte-rendu par : « *Patient Malik Taylor, fin de prise en charge. Adressé pour des symptômes dissociatifs suite à un trouble de stress post-traumatique. Rupture familiale précoce, internat (maltraitance), errance, victime d'un délinquant sexuel pendant l'adolescence, aucune élaboration possible à ce jour, déni ++ ».* Puis, il s'arrête quelques secondes, se relit et raye tout. Il pose son stylo sur le bureau et croise ses mains derrière la tête en s'étirant. Il souffle et reprend sa rédaction : *« Quitte ce jour le CMP stable et sans traitement. Insertion professionnelle en cours (CAP électricité). Situation administrative complexe mais en voie de régularisation sur le territoire. On peut estimer qu'il saura nous solliciter en cas de résurgence des troubles ».*

Il ferme son carnet, une lassitude l'envahit. Ce petit bonhomme va lui manquer mais il ne veut plus jamais le revoir au CMP. C'est le paradoxe du soignant : vouloir que ses patients n'aient plus jamais besoin de lui. Il aurait dû écrire ça sur son compte-rendu. Ça aurait eu de la gueule. Il sourit et prend son paquet de cigarette dans le tiroir, il a bien mérité une pause mais l'infirmière lui fait signe que le prochain patient s'agite dans la salle d'attente.

Malik raccroche car le serveur pose devant lui une coupe de glace, avec une montagne de chantilly et une bougie qui crépite. « Ma surprise » annonce Ashraf, assez fier de lui.

Malik est là, dans ce grand restaurant. Il le reconnait, c'est celui qu'il a vu sur l'écran de l'hôtel quand il était petit. Mais, cette fois, il n'est pas tout seul à table. Il prend la coupe et la lève très haut. Tout le monde autour le regarde en souriant. On lui fait des petits gestes de loin pour ne pas le déranger. Comme sur l'écran, exactement.

Il porte sa glace tel un trophée, une coupe du monde. Ashraf et Andreas l'applaudissent avec ferveur. Attablé à côté, des touristes filment la scène, pensant se trouver en présence d'une star locale. Radieux, Malik regarde autour de lui, sans bien savoir s'il est éveillé ou dans son rêve. Il reste un instant à les observer pour être sûr. Oui, c'est bien réel. Je savais que j'avais un pouvoir.

- Hé ! tu en mets partout ! lui crie Ashraf.

- Quoi ? répond Malik, revenant à lui.

- La glace, fais attention !

- Ah oui, désolé, balbutie Malik en se rasseyant.

- Profite, c'est ton jour, lui répond Andreas.

Quand ils se quittent le soir, Malik reprend la direction du foyer de jeunes travailleurs où il habite maintenant. Il marche, le sourire aux lèvres. J'étais la star du restaurant, le même que j'avais vu. Ça veut dire que ma magie fonctionne vraiment. Et même si je n'ai plus l'écran avec moi, ça va, je n'ai pas toujours besoin de lui et de ses jacasseries. Je peux trouver moi-même des images pour dire où je veux être plus tard. Malik interrompt sa marche et regarde le ciel étoilé. Je veux, je veux … Attends, je n'ai pas encore bien réfléchi, il faut que je rentre d'abord. Il reprend son chemin, hâtant le pas vers sa nouvelle vie.

www.ingramcontent.com/pod-product-compliance
Lightning Source LLC
Chambersburg PA
CBHW021349150726
47989CB00005B/2172